Aposente-se, mas não se ausente

Ken Blanchard & Morton Shaevitz

best.
business
RIO DE JANEIRO – 2021

CIP-BRASIL. CATALOGAÇÃO NA PUBLICAÇÃO
SINDICATO NACIONAL DOS EDITORES DE LIVROS, RJ

B571a

Blanchard, Ken
Aposente-se, mas não se ausente / Ken Blanchard, Morton Shaevitz; tradução Claudia Gerpe Duarte. – 1ª ed. – Rio de Janeiro: Best Business, 2021.
160 p.; 14 × 21 cm.

Tradução de: Refire! Don't Retire
ISBN 978-85-68905-10-4

1. Aposentadoria – Aspectos psicológicos. 2. Aposentadoria – Aspectos sociais. 4. Qualidade de vida. I. Shaevitz, Morton. II. Duarte, Claudia Gerpe. III. Título.

18-49283

CDD: 306.38
CDU: 316.346.32-057.75

Aposente-se, mas não se ausente, de autoria de Ken Blanchard e Morton Shaevitz.
Texto revisado conforme o Acordo Ortográfico da Língua Portuguesa.
Primeira edição impressa em janeiro de 2021.
Título original norte-americano:
REFIRE! DON'T RETIRE

Copyright © 2015 by Polvera Publishing and Morton Shaevitz.
Copyright da tradução © 2016 Best Business/Editora Best Seller Ltda.
Todos os direitos reservados, inclusive o direito de reprodução em todo ou em parte, em qualquer forma.

Proibida a reprodução, no todo ou em parte, sem autorização prévia por escrito da editora, sejam quais forem os meios empregados.

Capa adaptada por Mariana Taboada a partir da edição publicada por Berrett-Koehler Publishers, Inc (2015, design de Irene Morris).

Direitos exclusivos de publicação em língua portuguesa para o Brasil adquiridos pela Best Business, um selo da Editora Best Seller Ltda. Rua Argentina, 171 – 20921-380 – Rio de Janeiro, RJ – Tel.: 2585-2000, que se reserva a propriedade literária desta tradução.

Impresso no Brasil

ISBN 978-85-68905-10-4

Este livro é dedicado a "Zig" Ziglar
1926-2012

Autor, representante de vendas, palestrante motivacional e amigo inspirador que apresentou Ken ao conceito do redespertar. Com sua incrível energia positiva, Zig fez diferença na vida de todos que o conheceram.

Sumário

Introdução • 9

1. Choque de realidade • 13
2. Uma visita ao Dr. Jeffrey • 21

A primeira chave
O redespertar emocional

3. A chave é o amor • 31
4. A formação de relacionamentos • 41
5. Nada corriqueiro • 53

A segunda chave
O redespertar intelectual

6. Criar estímulos e desafios mentais • 63

A terceira chave
O redespertar físico

7. O momento da verdade • 83
8. Como lidar com os reveses da vida • 97

A quarta chave
O redespertar espiritual

9. A realidade mais ampla • 111
10. Outra perspectiva • 125

Juntando tudo

11. A Turma do Redespertar • 133
12. Compartilhando a experiência • 141

Agradecimentos • 151
Serviços disponíveis • 157

Introdução

É frequente ouvirmos que não existem coincidências. Considerando-se a natureza dinâmica do universo, tudo acontece por uma razão. Assim, não foi por acaso que nos conhecemos, certa manhã, em um voo de San Diego para Nova York.

Talvez se trate de *serendipidade* — algo que estava destinado a acontecer. Se investigarmos esse conceito mais a fundo, encontraremos a palavra iídiche *bashert*, que, em linhas gerais, pode ser traduzida como "um evento alegre e feliz com consequências benéficas".

"Então, o que você tem feito e quais são as novidades em sua vida?" — foi assim que nossa conversa no avião começou. Nos 15 minutos seguintes, fomos ficando cada vez mais empolgados. Falamos a respeito do que estávamos fazendo e, especialmente, do que nos deixava entusiasmados. Quando Morton comentou que estava trabalhando na área de adultos maduros e contemplando o envelhecimento a partir de uma perspectiva nova, Ken ficou ainda mais animado e disse que andava pensando em questões semelhantes. O termo que ele usava era *redespertar* — uma atitude que envolve abraçar os anos que temos pela frente com entusiasmo, em vez de apatia. Foi quando o livro nasceu.

Continuamos falando sem parar, inclinando-nos sobre os assentos do avião que nos separavam. Finalmente, os

10 | APOSENTE-SE, MAS NÃO SE AUSENTE

comissários de bordo nos obrigaram a ficar sentados na posição correta para que o avião pudesse decolar. Ao longo do voo de cinco horas para Nova York, continuamos trocando ideias até começar um filme e sermos obrigados a fazer silêncio. Ao desembarcar, decidimos marcar um encontro para continuar a conversa.

Quando nos reencontramos, Morton tinha ido à festa de aniversário de um colega de faculdade. Ele voltou para casa intrigado com o que havia observado. Não se tratava apenas de todos parecerem mais velhos, porque é claro que tinham envelhecido: tratava-se da diferença com que lidavam com o envelhecimento. Enquanto alguns se mostravam intelectualmente dinâmicos e envolvidos com o mundo, outros pareciam sentir pouca alegria e davam a impressão de não pensar no futuro; pareciam não se esforçar para alcançar qualquer objetivo.

Por coincidência, Ken e sua esposa, Margie, tinham acabado de voltar de um cruzeiro de duas semanas. Ken fez comentários semelhantes a respeito dos companheiros de viagem, a maioria idosos. Alguns eram animados e aproveitavam as aulas e atividades oferecidas, enquanto outros se mostravam retraídos e só pareciam voltar à vida na hora das refeições.

Enquanto discutíamos o que tínhamos vivenciado, começamos a nos perguntar o que poderia explicar a diferença entre essas duas maneiras de lidar com o envelhecimento. Por que algumas pessoas encaram o resto de suas vidas como uma oportunidade, enquanto outras tratam esse período como uma espécie de castigo?

Ao conversar a respeito disso com nossos filhos adultos, descobrimos que essa perspectiva com relação à vida não está limitada aos idosos — nossos filhos de meia-idade tinham amigos cuja abordagem da vida também era de que "os melhores anos ficaram para trás".

Paramos para pensar nos amigos e colegas que tentavam abraçar a vida, em vez de apenas suportá-la, e tentamos descobrir o que os tornava diferentes. Chegamos à conclusão de que muito dependia do modo como enxergavam o envelhecimento e da maneira como abordavam a vida. E concluímos que se houvesse uma forma de ajudar os que apenas "sobreviviam" a pensar de forma diferente, eles talvez pudessem se comportar de outro modo e, por assim dizer, *redespertar*.

O que você vai fazer para tornar o restante de sua vida saudável, prazeroso e significativo? Escrevemos este livro como um guia para responder a essa pergunta. Nossa esperança é que você encontre inspiração na parábola e nas sugestões que se seguem para criar um futuro estimulante para si mesmo.

1. Choque de realidade

Larry Sparks segurou a mão da esposa enquanto se encaminhavam para a entrada do salão de festas do hotel. Fez isso, em parte, à procura de apoio moral, mas principalmente porque, depois de quase quarenta anos de casamento, estava mais orgulhoso do que nunca de sua esposa Janice, que ainda era muito bonita.

— A mesa de inscrições deve ficar por aqui — comentou.

Um grande grupo de pessoas, quase todas na mesma faixa etária de Larry e Janice, seguia em direção às portas do salão.

Larry se inclinou e sussurrou no ouvido da esposa, brincando:

— Quem são esses velhos?

Janice olhou para ele e sorriu.

— Tenho certeza de que estão pensando o mesmo da gente.

— Claro que não! — retrucou Larry.

Foi quando viram a mesa de inscrições, debaixo de um cartaz onde se lia:

14 | APOSENTE-SE, MAS NÃO SE AUSENTE

LINCOLN HIGH SCHOOL
FESTA DE 45 ANOS — AVANTE, EAGLES!

Janice foi ao toalete, e Larry estava ocupado com o preenchimento de um crachá quando ouviu uma voz vagamente familiar atrás de si.

— Larry Sparks! É você?

O homem se voltou para o completo desconhecido caminhando em sua direção. Tinha ombros curvados, cabelo ralo e grisalho e parecia cansado do mundo. Só quando o homem lhe deu um tapinha amigável nas costas é que Larry reconheceu Rob Briggs, o garoto inteligente que o ajudara a passar em química e física no ensino médio.

— Olá, Rob. Nossa! Há quanto tempo! Como você tem passado?

— Ah, sabe como é... Não muito bem. Mas é melhor que a alternativa, não é? — respondeu Rob, rindo sem muita animação. — Não tinha certeza se era você ou Kevin, mas sabia que era um dos dois.

Quando ouviu aquilo, Larry teve uma forte lembrança do passado. Era exatamente como no ensino médio. Durante os quatro anos que passou na Lincoln High School, Larry sempre era confundido com o irmão, Kevin, embora fossem gêmeos não idênticos.

— Kevin não pôde vir — explicou Larry. — Está em algum lugar preparando mais um negócio. — Ele balançou a cabeça. A rivalidade que um dia sentira com relação ao irmão tinha se suavizado. Ainda assim, não conseguia evitar a autocomparação.

— Ah, Kevin continua tentando abraçar o mundo, é? — perguntou Rob, rindo. — Parece que as coisas não mudam tanto em 45 anos. Você continua com Janice?
— Pode apostar que sim. E temos nos divertido mais do que nunca.
Foi nesse momento que Janice surgiu a seu lado. Ela reconheceu Rob na mesma hora e lhe deu um abraço caloroso. Os três colocaram a conversa em dia, falando dos filhos e da carreira, e combinaram de falar mais no domingo à noite, durante o baile de jantar.

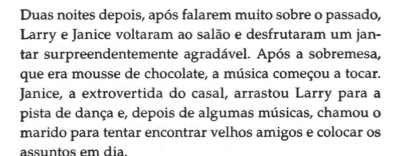

Duas noites depois, após falarem muito sobre o passado, Larry e Janice voltaram ao salão e desfrutaram um jantar surpreendentemente agradável. Após a sobremesa, que era mousse de chocolate, a música começou a tocar. Janice, a extrovertida do casal, arrastou Larry para a pista de dança e, depois de algumas músicas, chamou o marido para tentar encontrar velhos amigos e colocar os assuntos em dia.
Estavam voltando para a mesa quando finalmente reencontraram Rob.
— Estão gostando da festa? — perguntou Rob.
— Estamos nos divertindo muito, revendo várias pessoas — respondeu Janice —, mas estou preocupada com alguns dos nosso colegas.
— Como assim? — indagou Rob.
— Pelo que vimos neste fim de semana, a única coisa que muitos deles fazem é comer — retrucou Larry.
— E comer muito — acrescentou Janice. — Sem falar em beber.

Rob deu de ombros.

— Não é isso o que se faz nas festas?

Larry indicou a pista de dança com a cabeça.

— É, mas não tem quase ninguém dançando, e poucas pessoas participaram das atividades ao ar livre dos últimos dois dias. Eu pelo menos tento me manter em forma. É como sempre digo para Janice: um dia quero ser um daqueles quatro caras dos ônibus de turismo do Havaí.

— Que ônibus de turismo? — perguntou Rob, confuso.

Larry riu.

— Sempre que um grupo de idosos sai de um daqueles ônibus de turismo do Havaí, vemos mais ou menos trinta mulheres bem-conservadas e cerca de quatro homens velhos, porque todos os outros já morreram.

Os três riram bastante.

— Brincadeiras à parte — comentou Janice —, fico triste de ver que alguns de nossos colegas dos Eagles estão encarando o envelhecimento como uma sentença de morte, em vez de uma oportunidade maravilhosa.

— Não são só os idosos que agem assim — afirmou Rob. — Trabalho com um grupo de pessoas de 30 ou 40 anos em uma empresa de tecnologia. Você ficaria chocado se visse que muitos não fazem nada depois do trabalho. Só vão para casa e ficam largados no sofá, reclamando de antigas lesões de atletismo e resmungado piadas como: "A velhice não é para os fracos."

— É uma frase engraçadinha, mas um lema horrível — declarou Janice. — Quero abraçar o que resta da minha vida, não reclamar dela.

Larry, um golfista empolgado, assentiu e completou:

— Sei que estou nos nove últimos buracos, mas quero terminar o jogo bem.

— Se você quer terminar bem, devia falar com aquele cara — sugeriu Rob, apontando para um homem bonito, com uma vasta cabeleira grisalha de tons diferentes que estava conversando com algumas pessoas perto da pista de dança.
— Não é o nosso professor de biologia do nono ano, o Sr. Jeffrey? — perguntou Larry.
— Ele mesmo — respondeu Rob —, mas agora é *Dr.* Jeffrey. Ele deu aulas por uns dois anos, mas depois parou e foi fazer doutorado. Agora, ele dirige o departamento de psicologia da universidade local e dá aulas no programa interdisciplinar de psicologia e filosofia. Já se tornou bastante conhecido. Você realmente deveria conversar com ele.

Larry deu um tapinha no ombro do Dr. Jeffrey.
— Com licença. O senhor era o meu professor de ciências predileto — disse, estendendo a mão. — Sou Larry Sparks. E esta é minha esposa, Janice.
— Prazer em vê-lo, Larry! — cumprimentou o Dr. Jeffrey, apertando vigorosamente a mão de Larry. — E olá, Janice.
— Biologia não era exatamente a minha melhor matéria — comentou Larry. — Obrigado pelo B na prova final. Sei que o senhor estava sendo gentil.
— Tenho certeza de que você mereceu a nota — afirmou o Dr. Jeffrey, rindo.
— Devo dizer que o senhor está com uma aparência excelente — comentou Larry. — O que anda fazendo? Se aposentou?
— Isso nem passa pela minha cabeça! Algumas das pessoas mais competentes na minha área fizeram suas melhores contribuições já em uma idade avançada. Não estou me aposentando, estou redespertando!

— *Redespertando?* Que interessante! — declarou Janice. — O senhor poderia explicar melhor?

O Dr. Jeffrey não hesitou em responder.

— Redespertar, nesse caso, significa abordar a vida com entusiasmo. É encarar cada dia como uma oportunidade de aventura e aprendizado! É impregnar cada área da vida; seja a emocional, a intelectual, a física ou a espiritual, de paixão e entusiasmo. É se dedicar plenamente aos aspectos do coração, da cabeça, do corpo e da alma. — Cada palavra estava repleta da paixão da qual ele falava.

— Parece que o senhor pensou bastante no assunto — comentou Janice.

O Dr. Jeffrey assentiu.

— Passei a maior parte dos últimos dez anos estudando o envelhecimento e investigando como fazer das últimas décadas de vida um período gratificante e dinâmico, em vez de limitado e depressivo. Dou aulas e escrevo muito sobre o assunto. Terei prazer em oferecer orientação a vocês, caso sintam que estão caindo na rotina.

Antes que Larry e Janice pudessem responder, uma mulher de vestido vermelho agarrou o Dr. Jeffrey pela manga e o puxou para a pista de dança.

A caminho de casa, Larry e Janice conversaram sobre suas impressões do encontro. Mais uma vez, comentaram como era triste que alguns de seus ex-colegas parecessem resignados a viver com saúde cada vez pior, os movimentos limitados, relacionamentos insípidos e sonhos que viravam pó.

— Você acha que caímos na rotina?

A pergunta de Janice pegou Jeffrey de surpresa.

— Não. Por quê?

— Você não parece tão animado com a empresa de construção quanto antes. E sei que não tenho encarado a minha vida com empolgação nem impregnado tudo de... Como foi que o Dr. Jeffrey falou? Paixão e entusiasmo.

— É verdade, mas, pensando bem, isso não é muito realista — retrucou Larry, repentinamente na defensiva, enquanto estacionava o carro na garagem. — Quer dizer, em certa medida, a vida é mesmo dura e enfadonha.

— Isso é o que eu chamo de animação — brincou Janice, saindo do carro.

Dentro de casa, o telefone tocava.

— Eu atendo — disse Larry. Ele correu até a cozinha e atendeu no último toque.

— Alô?

Parecia que a linha estava muda. Larry achou que não tinha conseguido atender a tempo, e estava prestes a desligar quando ouviu, claramente, uma mulher chorando.

— Alô? Quem está falando?

— Sou eu, Angie.

— Tudo bem, Ang?

— Ele se foi, Larry — anunciou a mulher, claramente soluçando.

Uma onda fria de medo circulou pelo corpo de Larry.

— O quê? Quem se foi?

— Seu irmão teve um ataque cardíaco fulminante. Ele se foi, Larry! Nosso Kevin se foi.

2. Uma visita ao Dr. Jeffrey

Ao longo dos meses seguintes, a morte de Kevin causou grande impacto em Larry. Amava o irmão de todo coração e sempre se preocupara com o fato de ele desperdiçar a vida trabalhando o tempo todo. A carreira não afetara apenas sua saúde, mas também seus relacionamentos — Angie era sua terceira esposa. Kevin tinha três filhos dos casamentos anteriores. Ao revê-los no enterro, Larry reparou em como não tinham conhecido o pai muito bem. Kevin sempre falava a respeito das coisas formidáveis que planejava fazer um dia, quando sua vida ficasse menos agitada. Agora, esse dia nunca chegaria.

— Estou pensando seriamente em diminuir meu envolvimento na empresa, Janice.

A mulher parou de arrumar a pasta e levantou os olhos.

— Que ironia! Aqui estou eu me preparando para uma entrevista que pode me tornar diretora da Learning Is for Everyone, e você está planejando diminuir o ritmo.

Nos cinco anos anteriores, Janice tinha sido uma voluntária dedicada na Learning Is for Everyone, organização que coordenava aulas de reforço para crianças desprivilegiadas ministradas por estudantes universitários.

— Não parece uma boa ocasião para desacelerar — comentou Larry —, já que você não vai estar mais tanto por perto.

Janice replicou:

— Sei que não é o momento ideal para você, mas o emprego não é de tempo integral. E, quando surgiu a oportunidade, pensei na morte de Kevin e comecei a me perguntar o que estou esperando, sabe? Lembra que o seu antigo professor, o Dr. Jeffrey, nos incentivou a redespertar e acrescentar algum entusiasmo à nossa vida?

— Mas, se me lembro bem, redespertar não dizia respeito apenas ao trabalho. Jeffrey mencionou relacionamentos, aprendizado e outras coisas. A morte de Kevin realmente me fez pensar em quanto tempo passo trabalhando. Sei que quero redespertar, mas não tenho muita certeza de como.

Janice fechou a pasta e colocou-a de lado.

— O Dr. Jeffrey nos ofereceu uma assistência a respeito do redespertar. Parece a ocasião perfeita para aceitar a oferta, já que ambos estamos pensando em explorar o futuro individualmente tanto quanto como casal.

— Vamos falar com ele! — exclamou Larry.

Quando Larry e Janice chegaram à universidade para o encontro com o Dr. Jeffrey, a primeira dificuldade foi encontrar uma vaga no estacionamento.

— Agora entendo por que dizem que uma universidade consiste de milhares de pessoas reunidas em busca de uma vaga — comentou Larry, brincando.

— Isso nunca pareceu tão certo — concordou Janice. — Lembro-me de ter lido a respeito do discurso que Clark Kerr fez quando deixou o cargo de presidente da Universidade da Califórnia. Ele disse que, em vez de demorar para aprender o que sabia, queria ter descoberto logo no início da gestão quais são as metas de quem frequenta uma universidade: para os ex-alunos, a vitória no futebol; para o corpo docente, sexo; e para os funcionários, estacionamento.

— Essa é boa — disse Larry, rindo.

Depois que finalmente encontraram uma vaga, encaminharam-se para o prédio, onde aguardaram em uma agradável sala de espera até serem chamados pela recepcionista, que os conduziu ao escritório do Dr. Jeffrey.

Ele se levantou para cumprimentá-los.

— Entrem, por favor.

— Agradecemos sua oferta de nos orientar a respeito do redespertar — declarou Larry.

— Isso também vai ser bom para mim, porque o que vocês me contarem sobre suas experiências será útil para a minha pesquisa — respondeu o Dr. Jeffrey.

— Por falar em pesquisa — interveio Janice —, o que o senhor tem encontrado nos seus estudos que poderia nos ajudar em nossa jornada do redespertar?

— Em primeiro lugar — respondeu o Dr. Jeffrey —, ficou claro para mim que muitas pessoas que vivenciaram o sucesso exterior estão interiormente confusas; não amam a si mesmas. Encontramos evidências concludentes de que as realizações e a acumulação de riqueza não tornam as pessoas felizes. A felicidade vem de dentro para fora.

24 | APOSENTE-SE, MAS NÃO SE AUSENTE

— Eu gostaria de ouvir mais sobre isso — afirmou Larry.

— Quando as motivações são externas e giram em torno das realizações e popularidade, o resultado não é da paz interior. A pessoa fica concentrada no sucesso, que se materializa na acumulação de riqueza, no reconhecimento, no poder e no status. Embora não haja nada de errado em acumular riquezas, ser reconhecido por seus empreendimentos e ter algum poder e status, é um erro pensar que essas coisas definem uma pessoa. Quem pensa assim, acaba precisando cada vez mais disso.

— Interessante — observou Larry. — E qual é a solução?

— Nossa cultura enfatiza muito o sucesso. Tenho visto que é preciso ajudar as pessoas a se concentrarem também no significado.

— Qual é a diferença? — perguntou Janice.

— O significado pode ser encontrado em três áreas diferentes: a generosidade, o serviço e os relacionamentos amorosos. A generosidade é o oposto do acúmulo de riquezas, envolve doar seu tempo, o seu talento e o que tem valor para você — prosseguiu o Dr. Jeffrey.

— Faz sentido — comentou Larry. — Sempre achei que o dinheiro conquistado só por amor ao dinheiro não tinha muito valor, mas ter dinheiro me deu a oportunidade de ajudar os outros.

— Lembre-se — disse o Dr. Jeffrey —, nos nossos anos maduros, além do dinheiro, também podemos compartilhar nossa sabedoria, nosso tempo e nosso talento.

"Isso conduz ao segundo aspecto do significado: o serviço, que é o oposto do reconhecimento. O foco aqui é em ajudar os outros, não a si mesmo. Um pastor amigo meu expressou isso muito bem dizendo: 'A verdadeira alegria vem quando nos esquecemos de nós mesmos.'"

— E isso ocorre quando estamos fazendo algo bom para outra pessoa — disse Janice.

— É verdade — confirmou o Dr. Jeffrey. — O que nos leva ao terceiro aspecto do significado: os relacionamentos amorosos. Eles representam o oposto do poder e do status. Um amigo meu, John Ortberg, escreveu um livro maravilhoso chamado *Fim de jogo: de olho no verdadeiro prêmio.* É uma história sobre ele e a avó. Quando John era criança, sempre jogava Banco Imobiliário com a avó, que era muito boa. No fim do jogo, ela sempre tinha ganhado tudo, e John não tinha nada. A avó dava um sorriso malicioso e dizia: "John, um dia você vai aprender a jogar o jogo."

O Dr. Jeffrey prosseguiu:

— Em determinado verão, quando John tinha cerca de 13 anos, um menino que era um excelente jogador de Banco Imobiliário se mudou para a casa vizinha. John praticou com ele todos os dias, porque sabia que a avó iria visitá-lo em setembro. Quando esse dia chegou, John correu para recebê-la e não demorou para chamá-la para jogar.

"Os olhos da avó brilharam, e ela aceitou, muito feliz. Mas dessa vez John estava preparado. Ele revelou as novas habilidades e venceu a avó. John afirmou que aquele foi o melhor dia de sua vida! A avó sorriu e declarou: 'John, agora que você sabe jogar o jogo, vou lhe ensinar uma lição a respeito da vida: tudo volta para a caixa.'

"O pequeno John não entendeu, então a avó explicou: 'Tudo o que você acumulou, todos os hotéis, as casas, as empresas, o dinheiro, tudo isso volta para a caixa.'

"E como isso é verdadeiro", completou o Dr. Jeffrey, com um sorriso. "Podemos acumular todo o dinheiro, reconhecimento, poder e status que quisermos, mas, no fim, tudo volta para a caixa. A única coisa que conservamos

26 | APOSENTE-SE, MAS NÃO SE AUSENTE

é a alma, e é nela que guardamos aqueles que amamos e que nos amaram."

— Isso me lembra o final do filme *Ghost* — disse Janice. — Tem muito a ver com isso.

— Acho que assisti ao filme há vários anos — comentou o Dr. Jeffrey.

— É mesmo antigo. É a história de um jovem financista, Sam, interpretado por Patrick Swayze, que foi assassinado por um suposto amigo. Ele fica na terra como um fantasma para proteger a namorada, Molly, interpretada por Demi Moore. E consegue falar com ela com a ajuda de uma vidente chamada Oda May, interpretada por Whoopi Goldberg. No final, Sam consegue vingar sua morte, e ele, a namorada e a vidente estão no terraço do prédio de Molly. Uma luz branca vem na direção deles, e Oda May explica que estão vindo buscar Sam. Sam olha para Molly. Quando vivo, ele nunca dizia que a amava. Quando ela dizia: "Sam, eu te amo", ele respondia: "Idem." Agora, com lágrimas escorrendo pelo rosto, ele diz: "Molly, eu te amo. Sempre amei." E, com lágrimas nos olhos, ela responde: "Idem." Sam caminha na direção da luz, então para e se volta para Molly pela última vez e diz: "Molly, o mais extraordinário é que podemos levar o amor com a gente."

— Nossa! — exclamou Larry. — E essa é a única coisa que vamos levar deste mundo, não é?

— Acredito que sim — respondeu o Dr. Jeffrey.

— Espere aí — interveio Janice. — Isso tem a ver com o que Larry e eu estávamos conversando hoje de manhã. Ele está pensando em trabalhar menos para se concentrar no significado, mas eu sinto que me concentrei no significado durante anos, enquanto criava as crianças e fazia trabalho voluntário. Queria tentar ser um pouco bem-sucedida neste momento da minha vida. — Então, voltando-se para Larry, perguntou: — Você não acharia maravilhoso ser apresentado como marido da diretora da Learning Is for Everyone? Larry riu.

— Talvez eu precise de um tempo para me acostumar com isso.

— O sucesso e o significado não estão necessariamente em conflito e não precisam acontecer nessa ordem — afirmou o Dr. Jeffrey. — Desejar um pouco de sucesso não significa que você abandonou o significado.

"O segredo", prosseguiu ele, "é garantir que você esteja firme, do ponto de vista emocional, intelectual, físico e espiritual. Ou, como mencionei naquele primeiro dia, no coração, na cabeça, no corpo e na alma. Quando esses quatro estão integrados, você se torna completo e cria uma base poderosa para avançar na vida. Isso estabelece uma estrutura para que você seja uma pessoa sábia, amorosa, madura, criativa e equilibrada."

— Parece um pouco complicado — observou Larry.

— Estabelecer esse equilíbrio não é algo que acontece da noite para o dia — retrucou o Dr. Jeffrey. — Quando ajudo as pessoas com isso, peço que imaginem uma curva de aprendizado de pelo menos um ano, concentrando-se em cada área durante pelo menos três meses.

— Por onde devemos começar? — perguntou Larry.

— Vamos começar pelo coração, o lado emocional. É a parte responsável por nossos relacionamentos. Só que, em vez de explicar a importância do equilíbrio emocional, gostaria que vocês fossem visitar um casal de amigos meus, Wendy e Harold Tong. São duas pessoas incríveis que acabaram de se afastar de carreiras muito ativas. Eles compreendem bem o lado emocional da vida, e creio que poderiam dar a vocês uma boa ideia de como os relacionamentos podem aprimorar esse estágio da jornada. Minha assistente vai passar o contato deles. Por favor, não deixem de procurá-los. Daqui a mais ou menos três meses, depois que tiverem a chance de pensar a respeito e aplicar o que aprenderem com os dois, podemos voltar a nos encontrar.

— Parece ótimo — disse Larry, sorrindo para Janice. — E obrigado por nos ajudar a iniciar essa jornada para redespertar.

FAÇA UMA PAUSA, REFLITA, COMECE A AGIR

✓ Tendo em vista os aspectos emocional, intelectual, físico e espiritual de sua vida, qual deles tem recebido menos atenção — e como você pode mudar isso?

✓ O que você tem feito por hábito e sem qualquer entusiasmo?

✓ Como está o equilíbrio entre seu empenho em ter sucesso e em alcançar significado?

✓ O que você pode fazer para ser útil aos outros?

✓ Escolha uma atividade voltada para servir os outros que você possa se comprometer a fazer a partir de agora.

A primeira chave

O redespertar emocional

3. A chave é o amor

O sol surgia entre as nuvens matinais quando Janice e Larry chegaram à casa do casal Tong. Wendy e Harold os receberam na porta e os convidaram para entrar.

— Dr. Jeffrey disse que vocês querem conversar sobre o redespertar — comentou Wendy enquanto os conduzia à sala de estar. — Esse termo nos pegou de surpresa, porque passamos por um grande redespertar.

— Como assim? — perguntou Janice.

— Nossa antiga casa pegou fogo nos incêndios que devastaram esta área florestal, alguns anos atrás — respondeu Harold. — Passamos por um redespertar e tanto.

— Nossa, deve ter sido horrível. Como vocês conseguiram? — indagou Larry.

— Alugamos uma casa próxima enquanto planejávamos reconstruir a antiga — respondeu Harold. — Mas nossa nora estava passeando com o cachorro aqui pela vizinhança e descobriu que esta casa, de que sempre gostamos muito, estava à venda. Conseguimos comprá-la e economizamos o tempo e os custos de reconstruir a outra, então o "redespertar" de nossa casa teve um final feliz.

32 | APOSENTE-SE, MAS NÃO SE AUSENTE

— Mas vocês certamente não vieram aqui para ouvir toda a nossa história — afirmou Wendy, enquanto Janice e Larry se acomodavam no confortável sofá do casal Tong. — Dr. Jeffrey nos disse que talvez pudéssemos ajudar vocês com seu redespertar emocional.

— Se conseguiram sobreviver ao incêndio da casa onde moravam, vocês com certeza sabem muito sobre resiliência emocional — afirmou Janice.

— Acredito que sim — concordou Harold.

— Nós realmente trabalhamos a saúde emocional ao longo dos anos — declarou Wendy. — Ela é ainda mais importante nos relacionamentos. Tentamos permanecer emocionalmente empenhados em nossos relacionamentos com a família e com os amigos, bem como um com o outro.

— Dr. Jeffrey nos disse que ter relacionamentos amorosos era uma grande parte do que ele chamava de "deslocar-se do sucesso para o significado" — disse Janice. — Conte mais sobre como vocês redespertaram emocionalmente com a família e com os amigos.

— Algum tempo atrás — começou Harold —, reparamos que, às vezes, éramos um pouco críticos. Se um amigo fizesse alguma coisa que nos ofendesse, nossa tendência era deixá-lo de lado. Acabamos percebendo que, se continuássemos a fazer isso, muito em breve estaríamos sem amigos! Então eu me lembrei de uma coisa que minha mãe dizia quando eu era criança: "Se você procurar, vai encontrar uma pérola em cada pessoa."

— Que lindo! — comentou Larry. — Que bela maneira de olhar para os outros.

— Foi o que pensamos — concordou Wendy —, então começamos a procurar as pérolas. Começamos a tentar amar as pessoas mesmo quando seu comportamento era detestável.

— Isso não parece fácil — disse Janice.

— E não foi mesmo, pelo menos nas primeiras vezes — respondeu Wendy. — Depois, Harold e eu percebemos que já tínhamos muita prática com nossos filhos! Que criança é encantadora o tempo todo?

— Não conheço ninguém que tenha filhos assim — admitiu Janice.

— Mas já ouviu falar em alguém que tenha decidido virar para os filhos e dizer: "Isto não está dando certo. Temos que nos separar"?

Larry riu e comentou:

— Excelente argumento. Mesmo quando os pais são divorciados e se odeiam, continuam a amar os filhos.

— Mas existem pessoas cuja pérola está enterrada tão profundamente que não é saudável ficar perto delas, não é? — perguntou Janice.

Wendy assentiu.

— Sem dúvida. Mas descobrimos que essa é a exceção, não a regra.

— E como vocês redespertaram o seu relacionamento um com o outro? — perguntou Larry.

— Começamos a prestar atenção aos nossos sentimentos — respondeu Wendy. — Reparamos que tínhamos emoções positivas e emoções negativas. Começamos a conscientemente prestar mais atenção nos sentimentos positivos.

— A chave é entender como reconhecê-los — disse Harold. — Para nós, os sentimentos positivos são como o amor em ação.

34 | APOSENTE-SE, MAS NÃO SE AUSENTE

— Essa é uma maneira interessante de explicar — declarou Larry —, mas não sei se entendi. Pode falar mais a respeito?

— Claro — respondeu Harold. — Vocês com certeza já foram a muitos casamentos.

— É verdade — concordou Janice.

— E sem dúvida já ouviram aquele trecho da Bíblia sobre o amor — prosseguiu Harold.

— Está falando daquela parte "O amor é paciente, o amor é bondoso"? — perguntou Larry.

— Exatamente — respondeu Harold. — Ele está em I Coríntios 13. Mesmo para quem não é religioso, o trecho inclui uma lista maravilhosa de sentimentos positivos e dos comportamentos resultantes baseados no amor. Inclusive, eu sei o trecho de cor.

Harold recitou:

O amor é paciente, o amor é bondoso.
Não sente inveja, não é arrogante.
Não é orgulhoso.
Não é rude. Não busca os próprios interesses.
Não se irrita facilmente. Não guarda rancor.
Não se alegra com o mal,
Mas se regozija com a verdade.
Ele sempre protege, sempre confia, sempre persevera.

— Sempre adorei ouvir esse texto nos casamentos — afirmou Janice.

Wendy disse:

— É bonito, não é? Harold e eu sempre conversamos sobre esse trecho e nos perguntamos se estamos vivendo de acordo com ele. Quando recitamos o texto em voz alta, ele nos ajuda a examinar os nossos sentimentos, e sabemos na mesma hora quais são os que precisamos trabalhar.

— Acabou de me ocorrer que o oposto desses sentimentos positivos são as emoções negativas — comentou Larry. — Como a frustração, a impaciência ou até mesmo a raiva.

— Exatamente — confirmou Harold. — Pense só na parte que diz que o amor "não se irrita facilmente". Uma atitude mal-humorada pode nos afastar do caminho do amor mais rápido do que qualquer outra coisa.

— E como controlar a raiva, se esse for um dos seus problemas? — indagou Janice.

— Primeiro, é preciso reconhecer que ela é um problema — explicou Wendy —, não é verdade, Harold?

— Isso mesmo — respondeu Harold. — Todos temos sentimentos negativos de vez em quando, e, embora não sejamos capazes de controlar o que sentimos, somos responsáveis pela maneira como reagimos a esses sentimentos. Sempre que sinto a raiva crescer dentro de mim, tento parar e respirar fundo. Quando é possível, tento dar uma volta para me acalmar, porque sei que deixar a raiva explodir não vai favorecer a situação nem tornar o mundo um lugar melhor.

— Acho que todos nós gostaríamos de tornar o mundo um lugar melhor — declarou Larry.

Harold assentiu, então continuou:

— Tenho uma pergunta: vocês têm algum plano para como vão fazer isso?

Larry e Janice riram.

— Acho que não — respondeu Janice, com um sorriso.

— Mas podemos tentar tornar o mundo um lugar melhor por meio das decisões que tomamos a cada momento,

36 | APOSENTE-SE, MAS NÃO SE AUSENTE

quando interagimos com as pessoas em casa, no trabalho e na comunidade — afirmou Harold.

— Você não está sugerindo viver um dia de cada vez, mas viver um momento de cada vez — disse Larry.

— Exatamente — concordou Harold. — Suponha que, logo de manhã, você já sai de casa irritado porque sua esposa gritou com você. E agora? Você tem uma escolha: pode gritar de volta ou pode entrar em casa, perguntar o que a está aborrecendo, abraçá-la e desejar que ela tenha um dia agradável. Se alguém lhe cortar no trânsito quando você estiver a caminho do trabalho, você tem uma escolha: perseguir a pessoa e fazer um gesto obsceno ou respirar fundo e torcer para que ela não sofra um acidente e se machuque, ou que não cause algum dano a outra pessoa. Temos escolhas o tempo todo a respeito de como lidamos com os outros.

— É verdade — disse Janice. — Eu esqueço disso às vezes.

— Nunca é tarde demais para compreender que temos escolhas — afirmou Wendy. — Por exemplo, às vezes caímos na rotina. Não apenas um com o outro, mas também com nossos amigos. Precisamos nos tornar mais espontâneos e animados. Fazer sempre as mesmas coisas, da mesma maneira, com as mesmas pessoas, não contribui para a nossa saúde emocional nem para a das outras pessoas.

— Há pouco tempo li uma história interessante a respeito disso — comentou Larry. — Um homem se deu conta de que não conhecia muito bem a maioria dos vizinhos. Todos entravam e saíam de suas garagens e raramente falavam uns com os outros ou passavam algum tempo juntos. Ele quis mudar aquilo. Lembrou-se de que, quando criança, ele e os amigos se divertiam muito dormindo na casa uns dos outros. Então, decidiu correr o risco. Enviou um bilhete para todos os vizinhos dizendo o seguinte:

Quase ninguém aqui se conhece muito bem, mas eu gostaria de mudar isso. Que tal nos reunirmos no próximo sábado? Cada um traz um prato e dividimos as bebidas. Tenho um quintal grande, com uma churrasqueira. Venham! Podemos jogar peteca e bater papo. Quem quiser tirar miniférias, pode trazer a escova de dentes e passar a noite aqui! Tenho um quarto de hóspedes vazio que acomoda duas pessoas, além de um sofá-cama. Mas basta trazer o seu prato favorito. E não se esqueçam dos marshmallows!

— Aposto que a maioria dos vizinhos achou a parte do pernoite um pouco esquisita, talvez até mesmo um pouco arriscada — observou Harold.

— Provavelmente quase todos pensaram assim — concordou Larry. — Vários vizinhos apareceram para a reunião, se divertiram bastante e voltaram para casa. Mas um deles levou o convite a sério e foi preparado para dormir lá. Esse vizinho era um senhor idoso que morava bem perto do dono da casa. O anfitrião já o conhecia de vista havia algum tempo. Eles passaram grande parte da noite conversando, assistiram aos seus programas favoritos na televisão e até assaram alguns marshmallows na lareira. Finalmente, os vizinhos se recolheram em quartos separados para uma boa noite de sono. Pela manhã, tomaram café juntos, foram passear e se despediram, como bons amigos.

"Esse senhor contou para todos os vizinhos como a noite tinha sido agradável e significativa. Em pouco tempo, passeios, jantares, filmes e até os pernoites se tornaram uma prática comum. A vizinhança se tornou uma verdadeira vizinhança."

38 | APOSENTE-SE, MAS NÃO SE AUSENTE

— Que divertido! — comentou Wendy. — Essa história enfatiza bem a importância de sermos flexíveis e abertos a novas experiências. Como eu disse mais cedo, sem flexibilidade podemos cair na rotina. Você não tem como enriquecer seus relacionamentos atuais ou formar novos laços se continuar a fazer as mesmas coisas, do mesmo jeito.

— Se estou entendendo direito — disse Janice —, você está sugerindo que devemos nos envolver mais com os outros.

— Exatamente — afirmou Harold. — Não temos como crescer emocionalmente se nos isolarmos dos outros. Wendy e eu acreditamos que as pessoas bem-sucedidas se alimentam de feedback. Se realmente passarem a conhecer bem os outros, vocês ficarão próximos o bastante para que eles os elogiem quando for divertido estar com vocês e a fornecer um feedback sincero quando vocês forem antipáticos ou quadrados.

— Então nossa sugestão para o aspecto emocional de sua jornada do redespertar é que vocês procurem realmente conhecer um ao outro e as pessoas à sua volta — declarou Wendy. — Mostrem-se dispostos a assumir riscos interpessoais e a aprender com eles.

— Gostamos muito de suas ideias e sugestões — disse Larry.

— É mesmo, muito obrigada — acrescentou Janice. — Larry e eu vamos ver o que podemos fazer para crescer emocionalmente um com o outro e com as pessoas à nossa volta.

Em seguida, Larry e Janice abraçaram seus novos amigos e foram para casa.

FAÇA UMA PAUSA, REFLITA, COMECE A AGIR

✓ O que você pode fazer para se aproximar de uma pessoa com quem já convive — seu cônjuge ou um bom amigo — e revitalizar o relacionamento?

✓ Com que novas pessoas você pode entrar em contato, e como pode torná-las parte de sua vida?

✓ O que você pode fazer para que outras pessoas saibam que você se importa com elas?

✓ Qual é o seu plano para tornar o mundo um lugar melhor?

✓ Diga a uma pessoa com quem você se importa que você gosta dela.

4. A formação de relacionamentos

Não demorou para que Larry e Janice começassem a pôr em prática o que haviam aprendido com Wendy e Harold. Na realidade, os dois começaram no dia seguinte.

— Quem era no telefone? — perguntou Janice.

— Ah, era o Rob.

Janice fechou a cara.

— De novo? Ele não desgruda mais depois do encontro. O que ele queria?

— Ah, Janice. Eu sei que Rob não é o melhor dos ouvintes, mas pense no que Wendy e Harold disseram sobre procurar a pérola do bem em todo mundo.

— Eu sei, mas sempre que tento comentar alguma coisa com Rob, ele domina a conversa e se torna o centro das atenções.

Larry sorriu.

— É verdade, mas você conhece alguém mais generoso do que ele?

— É verdade, passamos momentos maravilhosos com Rob. Então, o que ele queria?

42 | APOSENTE-SE, MAS NÃO SE AUSENTE

— Perguntou se queríamos ir assistir a um filme com ele hoje à noite.

— Hoje à noite? — perguntou Janice, surpresa.

— Isso mesmo, daqui a meia hora. Mas o filme está em cartaz no Cinema Guild, e teríamos que encontrá-lo em 20 minutos — explicou Larry. — Eu detesto aquele cinema.

— Então, o que você respondeu? — perguntou Janice.

— Que não podemos ir, porque está muito em cima da hora e não estou interessado no filme...

— Qual é o filme? — interrompeu Janice.

— É um desenho — respondeu Larry.

— Você quer dizer uma animação?

— Sim, um desenho.

— Não, animações não são desenhos. São um novo tipo de mídia, com o qual você não se sente muito à vontade.

— Não é que eu não me sinta à vontade, eu só prefiro ver pessoas de verdade.

— Talvez seja interessante reconsiderar essa opinião — comentou Janice. — Mas por que você disse que não?

— Porque, como eu já disse, está muito em cima da hora e é naquele cinema que eu detesto. E não sei se quero assistir a esse tipo de filme.

— Querido, preste atenção ao que acabou de dizer, não soa um tanto pretensioso e talvez até mesmo um pouco rígido? Lembre-se do que Wendy e Harold nos ensinaram ontem a respeito de sermos flexíveis.

— Eu? Pretensioso e rígido? — retrucou Larry, com um sorriso.

— Isso mesmo, você!

— Como assim? — indagou Larry, em tom de brincadeira.

— Faz semanas que não vamos ao cinema. Se Rob nos convidou para assistir a um filme, por que não ir?

— Mas ainda nem jantamos.

— E daí? Podemos não jantar, ou jantar pipoca.

— Jantar pipoca!

— Exatamente. Jantar pipoca.

— Isso é um pouco esquisito.

— Pode ser esquisito para você, mas parece divertido para mim. Seria mais divertido ficar em casa, preparar o jantar, comer e não fazer nada pelo resto da noite? Vamos lá, Larry. Vamos tentar! Vou ligar para o Rob e dizer que vamos encontrá-lo. O que temos a perder?

Larry concordou, relutante, resmungando que continuava achando aquilo tudo muito esquisito.

Vinte minutos depois, Larry e Janice corriam para a bilheteria, onde Rob tinha acabado de chegar.

— OK, vamos lá! — exclamou Janice.

Quando entraram, Larry continuava resmungando, mas Janice estava se divertindo a valer.

— Que tal um cachorro-quente? — sugeriu a mulher.

— Um cachorro-quente?

— Isso mesmo, que tal um cachorro-quente? Ainda não jantamos, então vamos comer um cachorro-quente, tomar um refrigerante e comer um cookie de sobremesa!

— Um cachorro-quente, um refrigerante e um cookie de sobremesa! Lá se vai a nossa dieta saudável...

— É verdade. Mas acho que comer besteira uma única vez não vai nos fazer tão mal assim. E vai ser divertido fazer uma coisa diferente e espontânea.

Depois do filme, Rob, Janice e Larry conversaram animadamente enquanto se encaminhavam para a saída.

— Que filme incrível! — disse Larry.

— É verdade — concordou Rob. — Quando eu li as críticas, já achei que ia gostar.

44 | APOSENTE-SE, MAS NÃO SE AUSENTE

— E quando Rob gosta de alguma coisa, ele parte do princípio de que todo mundo vai gostar também — disse Janice, rindo.

— Neste caso, Rob estava certo — retrucou Larry. — Gostei bastante, mesmo sendo um desenho!

— Uma animação! — exclamaram Rob e Janice, em uníssono.

— Tudo bem. Uma animação.

Os três foram a um café e continuaram conversando sobre o filme. Rob disse que tinha planejado passar a noite em casa, mas que pegara o jornal e vira as críticas positivas do filme.

— Pensei em ligar para vocês — disse Rob —, mas nas últimas vezes em que chamei os dois para fazerem alguma coisa em cima da hora, vocês pareceram ofendidos. Quase não telefonei. E não fiquei surpreso quando você disse não, Larry, mas fiquei realmente feliz quando Janice ligou de volta e aceitou o convite.

Larry e Janice contaram da conversa com o Dr. Jeffrey e seu empenho em redespertar seus relacionamentos, procurando ver as coisas pelo lado positivo e sendo mais espontâneos.

— Que bom para vocês — disse Rob. — Estou feliz por terem começado comigo. E fazer as coisas de última hora não é tão ruim assim. Nossa rotina agitada é apenas um fato da vida, mas, quando coisas boas surgem inesperadamente, temos que aproveitar a chance de dizer sim.

— Mas, quando vou ao cinema, gosto de sair para jantar primeiro, depois assistir ao filme e mais tarde poder conversar — comentou Larry.

— Sim, mas nem sempre as coisas têm que ser assim — disse Rob. — Você se divertiu esta noite? Preferia ter ficado em casa? Está triste por estar sentado aqui, em vez de assistindo à televisão? Às vezes é divertido fazer coisas de última hora.

À medida que a conversava continuava, Larry pensou: "Acho que Harold e Wendy estavam certos. Não estou apenas aproveitando a noite com Rob, ele também está me incentivando a praticar o que eles ensinaram."

Na semana seguinte, Janice chegou em casa animada.

— Larry, consegui o cargo de diretora! Que tal convidarmos Phil e Kelly para jantar, em comemoração?

Larry e Janice conheciam Phil e Kelly havia mais de duas décadas. Phil era um contador aposentado, e Kelly fora professora do quinto ano do ensino fundamental na escola local até alguns anos antes, quando começou a trabalhar com cerâmica e a participar de exposições de arte da vizinhança.

— Boa ideia — retrucou Larry. — Faz muito tempo que não os vemos. Que dia você está pretendendo marcar o jantar?

— Que tal hoje à noite?

— Hoje à noite?

— Isso mesmo, esta noite!

— Mas já são 18 horas. Eles já devem ter outros planos — retrucou Larry.

— Bem, talvez não tenham.

— Mas mesmo que eles não tenham nada planejado, como vamos preparar um jantar em uma hora? — perguntou Larry.

46 | APOSENTE-SE, MAS NÃO SE AUSENTE

— Vamos pedir comida naquele restaurante tailandês maravilhoso.

— Comida pronta?

— Isso mesmo, comida pronta.

— Mas eu gosto quando preparamos uma refeição deliciosa para os nossos amigos — reclamou Larry.

Janice sorriu e perguntou, brincando:

— Você está sendo rígido de novo? Está se esquecendo dos bons momentos que passamos com Rob na semana passada?

— OK — retrucou Larry. — Vou tentar de novo.

Janice colocou o telefone no viva-voz e ligou. Quando Kelly atendeu, Janice perguntou:

— O que vocês vão fazer hoje no jantar?

Do outro lado da linha, Kelly respondeu:

— Ainda não pensamos nisso.

— Por que vocês não vêm até aqui? Podemos pedir comida tailandesa.

— Quando? — perguntou Kelly.

— Que tal daqui a uma hora?

— Daqui a uma hora?

— Isso!

— Bem... Espere um pouco.

Houve uma pausa, e Janice e Larry puderam ouvir Kelly consultando Phil. De repente, Kelly voltou ao telefone.

— Combinado! — disse ela.

Durante o jantar, naquela noite, Larry e Janice conversaram com Phil e Kelly sobre os acontecimentos recentes. Falaram sobre seu encontro com Wendy e Harold e descreveram a experiência da semana anterior, a ida ao cinema com Rob de última hora.

Foi quando Larry se levantou e anunciou:

— OK! Estou nos proclamando membros fundadores da Turma da Última Hora!

— Turma da Última Hora? — perguntou Janice.

— Isso mesmo, a Turma da Última Hora! E vou ligar para Rob para avisar que ele também é um membro fundador.

Todos ficaram animados com o novo grupo. Admitiram que tinham caído na rotina de fazer sempre as mesmas coisas, do mesmo jeito, com as mesmas pessoas. Depois de algum tempo, começaram a formar Turmas da Última Hora com seus outros amigos.

Quando perguntado sobre o que era a Turma da Última Hora, Larry explicava que ser um membro significava ter a liberdade de convidar qualquer pessoa para fazer alguma coisa de última hora. O convidado tinha o direito de aceitar ou não, mas, a não ser que tivesse uma razão convincente para recusar — por exemplo, se já estivesse jantando quando você o convidasse para jantar, ou se já estivesse no cinema quando você o convidasse para assistir a um filme —, teria que aceitar.

Larry resumiu o processo da seguinte maneira:

— A não ser que exista uma razão legítima para recusar, você aceita!

Mas a disposição de Larry a ser aberto a novas experiências logo foi testada.

— Então, como foi? — perguntou Janice, quando o marido chegou em casa.

48 | APOSENTE-SE, MAS NÃO SE AUSENTE

— Incrível — respondeu Larry.

— Mesmo? Estou surpresa. Foi incrível por quê?

Larry tinha ido jantar em um restaurante japonês com o neto de 15 anos, Paul. Ele relutara em ir, pensando: *Como vou comer só peixe cru?* Mas Paul o provocara, e a esposa insistira para que ele fosse.

— Então, o que aconteceu? — perguntou Janice.

— Bem, levei meia hora para encontrar o lugar, porque fica nos fundos de um shopping, e você sabe como eu sou um desastre quando se trata de orientação — começou Larry.

— Eu sei muito bem como você é. O GPS salvou sua vida.

— É verdade. Quando finalmente encontrei o restaurante, constatei que era uma espécie de lanchonete, com um longo balcão e três ou quatro mesas. Fui o primeiro a chegar, então me sentei no balcão e fiquei observando as pessoas que entravam. Não demorou para todos os lugares ficarem ocupados. E todo mundo olhava para os chefs, que estavam cortando, separando e colocando as coisas nos pratos e, depois, entregando-os às pessoas. Quando li o cardápio, vi que só o que dava para pedir era algo para beber, então pedi uma cerveja para mim e um refrigerante para Paul.

"Então uma garçonete se aproximou e me perguntou se era a primeira vez que eu ia a um restaurante japonês. Confessei que sim e perguntei como funcionava. Ela sorriu e disse: 'Servimos pratos até você dizer que não quer mais.'

"'É mesmo?', comentei. Não perguntei quanto custava, porque Paul já tinha dito que ia sair caro.

"Alguns minutos depois, Paul chegou e me deu um abraço. Eu estava bebendo minha cerveja, ele começou a tomar o refrigerante, e um dos chefs atrás do balcão se aproximou e perguntou se estávamos prontos, e Paul respondeu que sim.

"Durante a hora seguinte, eles nos serviram sushi. Cada prato era diferente, e o chef sempre dizia se deveríamos colocar algum molho e que molho deveríamos usar."

— E? — perguntou Janice.

— E foi ótimo. A comida não parava de chegar. Paul me mostrou uma nova maneira de usar os hashi e me ensinou a colocar os molhos. Ele estava sendo tão engraçado e simpático que fez todos no restaurante sorrirem.

"Quando finalmente ficamos satisfeitos, paguei a conta e saímos. Foi aí que começou a melhor parte da noite."

— O que aconteceu? — perguntou Janice.

— Paul nunca tinha andado no meu carro novo e, quando o viu, ficou empolgado.

Larry comprara um conversível algumas semanas antes. Com a nova atitude de pensar fora dos parâmetros convencionais, ele jurou que, enquanto pudesse dirigir, teria um conversível.

— Perguntei a Paul se ele queria que eu baixasse a capota, e claro que ele concordou. Pouco depois estávamos percorrendo o Wilshire Boulevard com a capota abaixada, as estrelas brilhando e o rádio tocando jazz.

"Paul estava com o banco reclinado e dava pancadinhas no joelho, de olhos fechados. Ele abriu os olhos, deu um sorriso enorme e comentou: 'Somos dois caras legais se divertindo na cidade!'

50 | APOSENTE-SE, MAS NÃO SE AUSENTE

"É raro eu me sentir tão elogiado", comentou Larry. "Acho que comecei a redespertar nosso relacionamento."

— E o que você aprendeu com essa experiência? — perguntou Janice.

— Acho que aprendi que, embora eu achasse que estava aberto a novas experiências, ainda tenho muito o que mudar. Como você deve ter imaginado, minha ideia teria sido ir a um restaurante no qual eu me sentisse à vontade, onde eu soubesse as regras, o que pedir e o que esperar. Ir com Paul a um restaurante para comer sushi, em um lugar que eu não conhecia, me deixou pouco à vontade.

— Mas você decidiu ir mesmo assim — disse Janice, com um sorriso.

— Pode apostar que sim! E foi uma das melhores coisas que já fiz com Paul. Agora preciso descobrir como e levar tudo isso a um novo patamar.

Ao longo dos três meses seguintes, Larry e Janice redespertaram seus relacionamentos experimentando coisas novas, comunicando-se mais com os vizinhos, procurando a pérola nas pessoas e aproximando-se de velhos amigos de uma nova maneira.

Depois de uma noite particularmente divertida em um show com amigos que não viam havia anos, Janice disse:

— Estou me divertindo muito mais desde que fizemos um esforço consciente para amar e entrar em contato com as pessoas e viver novas experiências. Se continuarmos assim, teremos que ligar para Wendy e Harold e contar para eles o que vem acontecendo conosco no terreno do redespertar emocional.

FAÇA UMA PAUSA, REFLITA, COMECE A AGIR

✓ Quando foi a última vez que você se aventurou a sair da sua zona de conforto? O que você fez?

✓ Que coisas novas você pensou em fazer mas não levou a ideia adiante?

✓ Se você fosse criar a sua Turma da Última Hora, quem você convidaria para fazer parte do grupo?

✓ Quando você vai começar?

✓ Escolha outra pessoa/casal para ajudá-lo a fundar a sua Turma da Última Hora e entre em contato com eles.

5. Nada corriqueiro

Algumas semanas mais tarde, Larry e Janice se encontraram com o casal Tong para fazer um relato do seu progresso.

— Então, como vai a jornada de redespertar? — perguntou Harold, oferecendo chá gelado a Larry e Janice.

— Achamos que demos grandes passos em direção ao redespertar emocional — respondeu Larry.

— Ah, então nos conte como foi isso — pediu Wendy.

— Depois do nosso encontro com vocês, Larry e eu começamos a fazer um esforço conjunto para melhorar ainda mais nossos relacionamentos mais significativos, seja um com o outro, com nossos amigos ou com familiares — disse Janice. — Ficamos mais espontâneos. Estamos mais abertos a novas oportunidades e procurando maneiras de romper os padrões que desenvolvemos em muitos relacionamentos, inclusive o nosso, de fazer sempre as mesmas coisas, do mesmo jeito, nos mesmos lugares.

54 | APOSENTE-SE, MAS NÃO SE AUSENTE

— Até começamos a desenvolver um código de conduta do redespertar — disse Larry, entregando aos amigos um pedaço de papel onde se lia:

CÓDIGO DE CONDUTA DO REDESPERTAR

Para redespertar emocionalmente

○ Seja brincalhão — Ria e brinque

○ Seja simpático — Sorria e seja alegre

○ Seja jovial — Abrace o momento

○ Seja amoroso — Aproxime-se dos outros e acolha-os

○ Seja espontâneo — Saia da zona de conforto

○ Seja empolgado — Doe-se completamente

Depois de ler a lista, Wendy levantou os olhos e comentou:

— Que coisa maravilhosa!

— Tentamos ler a lista juntos todas as manhãs — explicou Janice. — Depois, a relemos à noite, antes de ir para a cama, para ver como nos saímos no redespertar emocional ao longo do dia.

— Adoro essa estratégia: definir metas pela manhã e verificar à noite como você se saiu — disse Harold.

— Em alguns dias não dá certo, por causa de conflitos de horário, mas fazemos isso com bastante frequência — acrescentou Larry.

Wendy devolveu o papel para Larry e pediu:

— Conte algumas coisas específicas que vocês decidiram fazer para melhorar seus relacionamentos; quero saber como vocês estão rompendo antigos padrões e redespertando seu relacionamento um com o outro e também com a família e com os amigos.

— Nós nos lembramos de quando nossos filhos ainda moravam conosco — disse Janice. — Todas as semanas pedíamos a um deles para escolher o restaurante aonde iríamos no fim de semana. Dizíamos que não importava o tipo de restaurante que fosse, o lugar onde ficasse ou o que tivesse no cardápio, nós iríamos de qualquer jeito.

— Lembro que fizemos refeições muito ruins — comentou Larry.

— É verdade — concordou Janice —, mas também fizemos algumas excelentes. Lembro-me de quando fomos a um restaurante húngaro em East County. Éramos os únicos presentes que falavam inglês. E nenhum de nós sabia o que estava comendo, nem sabíamos pronunciar o nome dos pratos. Mas aquela foi uma das melhores refeições que já fiz até hoje. Por isso, na semana passada sugeri a Larry que, se o restaurante húngaro ainda estivesse aberto, deveríamos voltar lá.

— Foi difícil para Janice acreditar, mas aproveitei a oportunidade e fomos até lá na noite seguinte — disse Larry. — Depois, fizemos uma lista de outros lugares que queríamos conhecer e começamos a pensar em algumas coisas novas e diferentes que poderíamos fazer para redespertar nosso relacionamento.

— Que maravilha! — comentou Harold.

— Para respaldar nossas tentativas de redespertar, baseamos as decisões no princípio fundamental da Turma da última hora — declarou Janice.

Wendy ficou intrigada.

— A Turma da última hora?

— Isso mesmo — disse Janice. — Formamos um grupo e decidimos que, a não ser que haja uma razão convincente para recusar um convite a uma nova experiência, nós topamos. Mesmo se o chamado for em cima da hora.

— Adorei! — exclamou Wendy.

— Depois, nos aprofundamos ainda mais — comentou Larry. — Decidimos que sempre que nos convidarem para fazer alguma coisa diferente, ver algo que nunca vimos ou ir a um lugar novo, nosso mantra deve ser "Por que não? Por que esperar?".

— Mas que ideia brilhante! — exclamou Wendy, animada.

Janice acrescentou:

— Então nos perguntamos: e se fôssemos *além*, e se nos colocássemos em situações totalmente desconhecidas, mas que poderiam ser divertidas?

— Parece ótimo — disse Harold.

— Também decidimos adotar a regra do "Nada corriqueiro" — declarou Larry.

— O que é a regra do Nada corriqueiro? — perguntou Harold.

— É um compromisso com a singularidade — explicou Janice. — Percebemos que temos muito *"entulho"*, tanto de cada um quanto dos dois juntos. Decidimos que, quando sairmos para comprar algo, como roupas ou coisas para a casa, a regra será não escolher nada *corriqueiro*.

— Quem decide o que é corriqueiro? — perguntou Wendy.

— Larry decide, eu decido ou decidimos juntos. Qualquer um de nós pode declarar que uma coisa "não é corriqueira".

— A ideia é que, quando decidimos comprar uma coisa nova, ela é especial — explicou Larry.

— Tivemos ainda outra grande ideia — disse Janice. — Decidimos pensar e agir como turistas.

— Como assim? — inquiriu Harold.

— Nos comportamos como quando visitamos uma nova cidade. Pesquisamos aonde estamos indo, pedimos ideias às pessoas a respeito do que é interessante ver e fazer e depois vamos a esses lugares para fazer essas coisas.

— Percebemos que, nos vinte anos que moramos aqui, fomos praticamente às mesmas partes da cidade, às mesmas lojas e aos mesmos cinemas — explicou Larry. — Fizemos os mesmos passeios e comemos nos mesmos cafés e restaurantes. Mas muita coisa mudou. Surgiram novos bairros e lugares noturnos. Há novos teatros, cinemas, locais para ouvir música e sabe-se lá mais o quê. Antigamente, a não ser que outra pessoa nos convidasse, não íamos a nenhum desses lugares novos.

— Vocês têm algum exemplo?

— Claro — respondeu Janice. — Um bom exemplo é o passeio de Segway no centro da cidade.

— Segway? — perguntou Harold. — Onde fica isso?

— Não é um lugar — explicou Larry. — É uma nova modalidade de transporte. Você já deve ter visto um Segway na televisão. Você fica em pé sobre uma prancha com duas rodas e uma espécie de guidão. O negócio é motorizado,

58 | APOSENTE-SE, MAS NÃO SE AUSENTE

e quando você se inclina para a frente, ele avança, e quando se inclina para trás, ele para.

Janice o interrompeu.

— Vimos um anúncio no jornal sobre um passeio de Segway no centro da cidade. A princípio, rimos do assunto, mas depois compreendemos que era uma oportunidade perfeita para sairmos da zona de conforto e fazermos uma coisa nova. Convencemos nosso amigo Rob a ir conosco.

— O mais incrível — disse Larry — é que vivemos nessa cidade há mais de vinte anos, mas durante o passeio vimos coisas que nunca tínhamos visto.

— Isso é hilário — disse Harold. — Até consigo imaginar Larry rangendo os dentes enquanto sobe no negócio.

— Realmente demora um pouco para pegar o jeito — concordou Larry, rindo.

— E quero cumprimentá-lo, Larry — disse Janice —, porque realmente não pensei que você fosse experimentar. Mas você tentou. E nós nos divertimos muito.

— Bem, me parece que vocês dois não estão se concentrando tanto no *que* fazem e sim em *como abordam* o que fazem — comentou Wendy. — Vocês têm escolhido não fazer o que é rotineiro e mais conveniente, mas se obrigando a desafiar a si mesmos e convidando um ao outro para testar ideias e maneiras de fazer coisas novas, divertidas ou potencialmente interessantes.

— É verdade, vocês desafiaram a si mesmos e fizeram um verdadeiro progresso no redespertar emocional — acrescentou Harold.

FAÇA UMA PAUSA, REFLITA, COMECE A AGIR

✓ Como você pode aplicar a regra do nada corriqueiro a pelo menos um aspecto de sua vida?

✓ Dizem que a única maneira de evitar erros é nunca fazer nada novo. Se é assim que você tem vivido, o que pode fazer para mudar?

✓ Na próxima vez que você for a um restaurante, pergunte ao garçom qual é o melhor prato que servem, então peça-o.

✓ Pegue o carro e vá a um lugar, a não mais de meia hora de distância, aonde você nunca tenha ido.

✓ Sempre que sair para comprar uma coisa nova, certifique-se de que ela é especial — Nada corriqueira.

A segunda chave

O redespertar intelectual

6. Criar estímulos e desafios mentais

No percurso de volta para casa, depois da visita ao casal Tong, Larry comentou com a esposa:

— Estou me sentindo muito bem com o progresso que fiz nesse processo emocional.

— Que nós fizemos — corrigiu Janice, com um sorriso.

— Certo, que *nós* fizemos. Também estou me sentindo bem com relação a nós dois.

— Eu também — concordou Janice.

— Mas, mesmo assim, também me sinto meio vazio — comentou Larry. — Desde que deixei de dirigir a empresa, tenho me sentido à deriva, como se eu não tivesse mais propósito ou lugar.

— É interessante que você tenha mencionado isso — respondeu Janice —, porque, acredite se quiser: mesmo com esse novo emprego, sinto algo parecido. Um dos aspectos de ser diretora executiva é que tenho passado muito tempo cuidando de documentos. Francamente, o trabalho não é tão desafiante ou estimulante quanto eu imaginava.

— Parece que nós não estamos nos sentindo realizados — constatou Larry. — Será que deixamos escapar alguma coisa?

— Talvez seja melhor perguntar ao Dr. Jeffrey — sugeriu Janice.

— Boa ideia — concordou Larry.

— Então, como vai a jornada do redespertar de vocês? — perguntou o Dr. Jeffrey.

— Como estávamos dizendo a Wendy e Harold, fizemos um verdadeiro progresso sob vários aspectos. Estamos desafiando a nós mesmos e um ao outro — disse Larry. — Até mesmo na vida sexual.

Ao ouvir esse último comentário, os olhos do Dr. Jeffrey se iluminaram. Ele sorriu e disse:

— Na condição de pesquisador do envelhecimento, estou sempre interessado na vida sexual dos adultos maduros. Falem mais a respeito disso.

Larry riu, e Janice enrubesceu.

— No começo estávamos um pouco relutantes em tocar nesse assunto — comentou Larry.

— Mas, quando começamos a conversar — interrompeu Janice —, compreendemos que, quando se tratava de fazer amor, nós nos limitávamos ao que era mais confortável.

— Exatamente — confirmou Larry. — Nós fazíamos, basicamente, a mesma coisa, no mesmo lugar, não raro na mesma noite da semana. E o senhor sabe o que eu disse para Janice? "Acho que podemos fazer melhor do que isso."

— Depois de algumas conversas francas e com a ajuda da nossa imaginação... — Janice fez uma pausa para procurar as palavras certas. — Bem, o resultado foi positivo. Precisamos dizer mais?

— Muito bem! — disse o Dr. Jeffrey. — A maioria dos casais que amadurecem juntos não fala sobre sexo. E muito menos faz alguma coisa a respeito.

Larry pigarreou.

— Chega de falar em sexo. Viemos procurar o senhor hoje porque acho que precisamos de um pouco mais de ajuda em outras áreas.

— Talvez muito mais — completou Janice.

— Sou todo ouvidos — disse o Dr. Jeffrey.

Janice prosseguiu:

— Na última vez que conversamos, eu disse ao senhor que tinha assumido um novo cargo no trabalho. Estou descobrindo que essa história de sucesso não é tudo o que dizem.

— E trabalhar menos, também não — comentou Larry. — Como eu disse para Janice, estou me sentindo um pouco à deriva.

— Bem, me parece que, embora vocês estejam crescendo emocionalmente, talvez tenham que fazer mais — afirmou o Dr. Jeffrey.

— Como o que, por exemplo? — perguntou Janice.

— Além de redespertar emocionalmente, vocês também precisam redespertar intelectualmente — explicou o Dr. Jeffrey. — O crescimento intelectual é como o oxigênio para um mergulhador de águas profundas: sem ele, você morre. Se não vai continuar aprendendo, é melhor se deitar de uma vez e deixar que joguem terra sobre seu corpo, porque seu cérebro já morreu.

— Por que o senhor não nos diz o que realmente pensa a respeito da importância do redespertar intelectual? — sugeriu Larry, rindo.

— É isso mesmo, considero o crescimento intelectual extremamente importante. Gostaria que vocês conversassem com Maria e Alberto Alvarez, dois belos exemplos de adultos maduros que estão redespertando intelectualmente. Minha assistente pode fornecer o contato deles. Depois de se encontrarem e pensarem a respeito do que eles sugerirem, ou talvez quando se sentirem inspirados a agir motivados por essas sugestões, vamos nos encontrar de novo, para que vocês possam me contar os resultados.

— Parece ótimo — concordou Larry. — E mais uma vez, obrigado. Nós realmente precisamos de ajuda com ideias, orientação, *qualquer coisa* que nos tire desse estado depressivo em que nos encontramos.

O casal Alvarez morava em um prédio alto e elegante no centro da cidade, com vista para a baía. Assim que Larry e Janice viram o sorriso do casal, souberam que Maria e Alberto eram pessoas práticas e maravilhosas.

— Entrem, por favor — convidou Alberto. — É um prazer enorme conhecê-los.

— É mesmo — acrescentou Maria, com um sorriso. — Não tem como um amigo do Dr. Jeffrey ser uma pessoa ruim. Vocês devem estar investigando como aproveitar ao máximo os próximos anos, caso contrário ele não teria recomendado que viessem nos ver.

— Exatamente — disse Larry, enquanto todos se acomodavam na agradável sala de estar do casal Alvarez. —

Andamos um pouco deprimidos. Acabei de reduzir as minhas horas de trabalho, e Janice assumiu um cargo de liderança na organização sem fins lucrativos na qual trabalha.

— Por incrível que pareça, embora tenhamos seguido direções diferentes, ambos estamos vivendo um anticlímax — acrescentou Janice.

— Dr. Jeffrey comentou que talvez isso seja uma questão mental — continuou Larry. — Ele falou que, se não começássemos a redespertar intelectualmente, nossa capacidade de pensar e resolver problemas tenderia a se reduzir, e poderíamos acabar andando por aí como zumbis.

Janice balançou a cabeça, rindo.

— Larry está exagerando um pouco, mas o Dr. Jeffrey de fato enfatizou a importância de permanecermos intelectualmente ativos. E ele recomendou esta visita. Vocês têm algum segredo para manter a mente aguçada?

Maria e Alberto se entreolharam e sorriram.

— Nós sempre apoiamos um ao outro nesse aspecto — declarou Alberto. — Acabamos de celebrar bodas de ouro.

— Parabéns! — exclamou Janice. — Vocês estão alguns anos na nossa frente.

Maria disse:

— Alberto e eu nos conhecemos na faculdade, e desde então somos uma dupla, um incentivando o desenvolvimento intelectual do outro.

— Vou falar um pouco sobre a nossa história — disse Alberto. — Maria e eu fundamos uma empresa de desenvolvimento e consultoria de liderança há mais de trinta anos. Maria realmente sabe como fazer as coisas acontecerem, então se tornou presidente. Minha formação é em finanças,

68 | APOSENTE-SE, MAS NÃO SE AUSENTE

mas minha verdadeira paixão é definir a visão e encorajar as pessoas, então me tornei o diretor espiritual da empresa. Mais ou menos dez anos depois, o irmão de Maria assumiu o cargo de diretor de operações. Nosso filho e nossa filha se juntaram a nós pouco depois e se envolveram com o desenvolvimento de produtos e vendas. Criamos um conselho de família, e nós cinco começamos a administrar a empresa juntos.

— Então vocês têm um verdadeiro negócio familiar — comentou Larry.

— Com certeza — concordou Alberto. — Há alguns anos, decidimos que estava na hora de transferir as principais responsabilidades de liderança para o irmão de Maria e para nossos dois filhos.

— Não queríamos chegar ao fim da linha — prosseguiu Alberto —, então tínhamos que encontrar uma maneira de redespertar, como vocês dizem, particularmente do ponto de vista intelectual.

— Às vezes sinto que estou quase no fim da linha, me sinto estagnado — comentou Larry. — O que vocês fizeram que eu não estou fazendo?

— Pelo que entendi, você se afastou quase que completamente do trabalho, não foi? — perguntou Alberto.

— Exatamente.

— Eu decidi não fazer isso — explicou Alberto. — Fiz uma mudança das minhas atribuições executivas para a investigação de outras maneiras, como eu poderia ser útil na organização, como me tornando mentor de jovens líderes. Isso possibilitou que eu tivesse tempo para usar algumas das habilidades que adquirira ao dirigir a empresa e fazer uma contribuição positiva à comunidade.

— Como assim? — perguntou Janice.

— Eu estava cansado de ouvir todos se queixarem da má administração da nossa cidade, mas sabia que não queria me candidatar a um cargo público. Decidi fazer um curso de administração pública na universidade, querendo entender melhor como o governo poderia atuar. Descobri que tinha interesse em aspectos do mundo das finanças, então me ofereci como voluntário para trabalhar no gabinete do vereador Chin, que é presidente do comitê de orçamento da Câmara Municipal.

— Nossa, que beleza — comentou Larry. — Faz anos que Fred Baker, da Administração de Pequenas Empresas (Small Business Administration – SBA), insiste que eu faça um trabalho voluntário como mentor de jovens empresários. Sempre tive vontade, e acho que finalmente chegou a hora.

— É um plano excelente — afirmou Alberto. — Tenho certeza de que a SBA vai apreciar a ajuda.

— Comigo foi um pouco diferente — disse Maria. — Decidi redespertar intelectualmente permanecendo na empresa. Há alguns anos, me conscientizei de que, hoje em dia, para estar ativos nos negócios é preciso administrar o presente e ao mesmo tempo criar o futuro.

— O que você quer dizer com isso? — perguntou Janice.

— A maioria das organizações sobrecarrega as pessoas com responsabilidades para o presente, querendo com isso planejar o futuro. Mas as pessoas encarregadas do planejamento acabam destruindo o futuro, porque têm um interesse especial no presente ou se sentem oprimidas por ele.

"Esse fato me deixou intrigada", prosseguiu Maria, "e também me pareceu muito importante. Como entendi que

70 | APOSENTE-SE, MAS NÃO SE AUSENTE

isso se tornava cada dia mais urgente, mobilizei algumas pessoas para criarmos um Departamento do Futuro, voltado para o estudo de novas tendências na economia, na sociedade, na tecnologia e muito mais. Na convenção nacional do nosso setor, meus colegas e eu temos o hábito de percorrer o salão da exposição examinando os pequenos estandes, onde se concentra a maioria das novas ideias. Tenho os olhos sempre voltados para o horizonte, de modo que estou redespertando intelectualmente de forma contínua."

— Então você não está simplesmente sentada e vegetando — comentou Janice.

— De jeito nenhum! — exclamou Alberto. — Maria e seus colegas têm sido inestimáveis para manter a empresa no topo das mais recentes inovações no campo da internet, da teleconferência e das tecnologias emergentes que possibilitam que permaneçamos em contato com os clientes.

— Isso tem sido importante não apenas para a empresa, como também para mim. Fico muito empolgada por ter voltado a aprender — afirmou Maria.

— Não é difícil entender como vocês criaram uma vida que os mantém mentalmente ativos — disse Janice —, mas e as pessoas que não têm as mesmas opções, que não estão em posição de criar cargos intelectualmente estimulantes?

— Não importa qual seja a sua ocupação ou função na vida — disse Alberto —, você sempre pode criar um plano, um currículo, por assim dizer, para redespertar intelectualmente. Seja tendo aulas, entrando para um clube do livro, fazendo cursos em uma universidade próxima ou mergulhando em outra cultura, sempre tem um jeito de manter as células do seu cérebro estimuladas.

— Você me inspirou — afirmou Larry. — Vou parar de me queixar e ligar amanhã mesmo para a SBA.

— E, Maria — disse Janice —, ouvir você falar sobre sua atuação na empresa faz com que eu me dê conta de que preciso fazer o mesmo na empresa sem fins lucrativos que estou dirigindo. Talvez eu possa deixar a papelada a cargo de outra pessoa e me dedicar ao mesmo tipo de trabalho voltado para o futuro que você. Posso lhe telefonar para pedir sugestões, quando eu começar?

— Mas é claro! — exclamou Maria.

— Parece que cada um de vocês tem um plano — comentou Alberto. — Como vão apoiar um ao outro?

— Essa é uma boa pergunta — disse Janice. — Não esqueça que talvez eu tenha que passar mais tempo no escritório para fazer esse processo decolar, Larry.

— Vá em frente! — exclamou Larry. — E, a propósito, talvez eu passe mais tempo em reuniões.

— Vou arrumar seu almoço para você levar — sugeriu Janice, sorrindo.

— Dr. Jeffrey estava certo ao indicá-los como exemplos — disse Larry. — Vocês estão nos inspirando a redespertar intelectualmente a todo vapor! Muito obrigado por nos contar sua história.

— O prazer foi nosso — retrucou Maria, enquanto os conduzia até a porta. — E nos mantenham informados do seu progresso.

— Pode deixar — prometeu Janice.

Com essa promessa, Larry e Janice se despediram de seus novos amigos.

Já era fim de tarde quando Larry e Janice deixaram a casa dos Alvarez.

72 | APOSENTE-SE, MAS NÃO SE AUSENTE

— Por que não jantamos cedo naquele novo restaurante que ouvimos falar que abriu no centro da cidade? — perguntou Larry.

— Boa ideia — disse Janice. — Isso vai nos dar bastante tempo para rever o que aprendemos com Alberto e Maria e continuar a desenvolver nossos planos para redespertar intelectualmente.

E os dois conversaram a respeito da admiração que sentiam por Alberto e Maria e discutiram os planos para alimentar continuamente os estímulos e desafios mentais. Larry salientou que o trabalho de Alberto com a cidade não apenas o mantinha mentalmente estimulado como também era compatível com o aspecto da generosidade de se deslocar do sucesso para o significado, mencionado pelo Dr. Jeffrey. Com o tempo, a conversa arrefeceu, e o silêncio dominou o carro enquanto cada um deles mergulhava em seus próprios pensamentos.

Quando se aproximaram do centro, Larry rompeu o silêncio.

— O que você está pensando em pedir no jantar? — perguntou.

Janice não levantou os olhos e respondeu distraidamente:

— Não sei. Vou olhar o menu. Talvez eles tenham sugestões do chef.

— O que você está fazendo? — perguntou Larry, embora soubesse muito bem a resposta.

— Só estou enviando mensagens para nossos filhos. Já faz um tempo que não tenho notícias deles e queria só dizer oi e contar o que está acontecendo.

— Por que você não telefona para eles? Temos Bluetooth no carro, e você pode falar com eles e eu posso escutar, numa conversa de verdade.

— Bem, você sabe que Eileen anda muito ocupada. Acho que, às vezes, ela não gosta de nossos telefonemas. Quando envio uma mensagem, ela pode ler assim que estiver disponível e responder no momento mais conveniente para ela.

— Acho que esse negócio de mensagem de texto é pura idiotice — declarou Larry. — E ainda por cima dá muito trabalho. Não vou perder tempo digitando *olá* nessas teclas minúsculas quando posso simplesmente pegar o telefone e dizer: "Olá!" Tem quem goste desses smartphones, mas eu prefiro um telefone normal. Posso ligar para as pessoas e elas podem ligar para mim. Não gosto nem do correio de voz. Já fico irritado.

Janice pôs o telefone no colo e lançou um olhar longo e duro para Larry.

— Acho que, no que diz respeito ao redespertar intelectual, vou ser aquela que abraça o futuro, como Maria. Quero aprender tudo sobre a nova tecnologia e as novas maneiras de nos comunicarmos. Seria divertido se aprender a nova tecnologia fosse uma meta que nós dois quiséssemos alcançar, mas duvido que isso vá acontecer.

— Pode apostar que não — afirmou Larry.

Janice suspirou.

— Quando se trata de tecnologia, Larry, você parece um velho rabugento. Isto é novo demais; aquilo é complicado demais; você não consegue aprender isso, não gosta daquilo. O que está acontecendo? Quando nossos netos vieram passar férias, há alguns anos, você os proibiu de usar qualquer tipo de equipamento eletrônico: nada de mensagens de texto, e-mails, telefones celulares; eles não podiam nem usar os tablets. Isso os deixou chateados com você.

— Na minha opinião — disse Larry —, quando as pessoas estão juntas, elas têm que conversar umas com as outras, e não

74 | APOSENTE-SE, MAS NÃO SE AUSENTE

jogar jogos, ler livros, enviar mensagens de texto e e-mails, ou fazer qualquer outra coisa. É muito indelicado, e fico realmente irritado quando isso acontece.

— Por que você acha que isso o irrita tanto, Larry? Você não é uma pessoa que costuma ficar zangada, mas isso o deixa realmente incomodado. Será que é porque você não sabe fazer essas coisas e tem medo de não conseguir aprender?

Larry se lembrou da primeira conversa com o Dr. Jeffrey, que ressaltara que muitas pessoas maduras relutam em aprender coisas novas, estar com pessoas diferentes ou se colocar em situações pouco familiares. Sua primeira reação diante da possibilidade de fazer uma coisa nova e diferente era dizer não. Na ocasião, Larry não achou que aquilo dizia respeito a si próprio, mas sua ida ao restaurante japonês com o neto tinha lhe ensinado uma lição valiosa.

Depois de uma longa pausa, Larry respondeu:

— Detesto ter que admitir, mas talvez você esteja certa. Este novo mundo de dispositivos eletrônicos está assumindo o controle de tudo. As pessoas não falam, twitam, usam o Instagram, enviam e-mails e mensagens de texto. Não consigo acompanhar! Todo mundo está no Facebook. Rob me perguntou se eu estava no LinkedIn, e Sandy pediu minha conta no Twitter. E pode apostar que ainda vem mais por aí. Não sei muito bem se isso é muito bom, nem tenho certeza de que quero me envolver. — Larry estacionou o carro perto do restaurante.

— Larry, você está com a mente fechada. Se vou me voltar para o futuro, você não pode ficar no passado, ainda mais se quiser ser mentor de empresários na SBA.

Quando já estavam acomodados em uma mesa, Janice acariciou a mão de Larry.

— Estou orgulhosa por você ter sugerido que viéssemos a este restaurante — declarou. — Você se lembra de que me contou que, semana passada, convidou uma colega de trabalho para almoçar naquele restaurante japonês? Quando ela respondeu que só gosta de comida americana e que não vai a restaurantes étnicos, você comentou que ela era muito rígida e que você estava muito surpreso com a falta de abertura dela para novas experiências. Só que eu fico me perguntando se você não continua um pouco fechado quando o assunto é tecnologia.

Larry permaneceu em silêncio.

Janice prosseguiu:

— É verdade que fizemos grandes progressos com a política da Turma da última hora e a filosofia do Nada corriqueiro. Essas novas abordagens já fizeram diferença nos nossos relacionamentos e na nossa vida emocional. Precisamos trazer essa mesma mentalidade para redespertar a vida intelectual.

Larry finalmente se pronunciou:

— Acho que você tem razão. Preciso me esforçar para ser mais aberto com relação a aprender coisas novas. Alberto e Maria me inspiraram nesse sentido.

Janice apertou a mão do marido e disse:

— Fico muito feliz ouvindo isso. Eu estava preocupada com o rumo que a conversa tomou, no carro. Não quero que a gente escorregue e passe a encarar o envelhecimento como uma curva descendente. Como temos nos concentrado no redespertar, notei que certas coisas são típicas quando as pessoas ficam mais velhas, como não saber onde colocamos as chaves ou esquecer o que estávamos procurando quando entramos em algum aposento. Isso faz parte do envelhecimento, mas isso não significa que a gente não possa continuar aprendendo e crescendo intelectualmente.

— Concordo — disse Larry. — Vamos descobrir o que cada um de nós pode fazer sozinho para aprender coisas novas e redespertar a mente.

Janice sorriu.

— Como eu já disse, sou a garota do futuro, então vou aprender o máximo que puder a respeito de todas as mudanças tecnológicas. E, se você topar, até posso ser sua mentora para ajudá-lo a entrar no século XXI.

A garçonete se aproximou da mesa, apresentou-se com um sorriso e perguntou:

— O que vão querer?

— Quais são as sugestões do chef? — perguntou Janice. — Quero experimentar algo diferente.

— Eu também — disse Larry.

Enquanto esperavam a refeição diferente, Janice comentou:

— Gostei da sua ideia de ser mentor de jovens empresários na Administração de Pequenas Empresas. O que mais você acha que pode fazer para redespertar intelectualmente?

— Andei pensando em escrever — respondeu Larry.

— Escrever! O quê? — indagou Janice, com os olhos brilhando.

— A história da família, da sua e da nossa. Já escolhi até um título: *Amor duradouro.*

— Adorei — disse Janice. — E como vai começar?

— Aposto que a universidade tem um curso de redação criativa — comentou Larry. — Em vez de só assistir a uma ou duas palestras, queria fazer um curso completo, com alunos de verdade.

— Que ideia maravilhosa! — disse Janice.

— Esses dias, um colega meu comentou que existe uma maneira de qualquer pessoa fazer qualquer curso oferecido aos alunos regulares, desde que tenha permissão do professor.

— Não sabia disso — respondeu Janice. — Será que tem aulas de cerâmica? Já faz tempo que tenho vontade de aprender a fazer vasos e tigelas.

— Aposto que a universidade tem aulas de artes criativas nos cursos de educação continuada.

— Você deve estar certo. Volta e meia passamos de carro na porta da universidade e nunca paramos. Está na hora de explorarmos um pouco o lugar e talvez até fazer parte dela — comentou Janice.

— É uma ideia empolgante — disse Larry. — Não queremos ser um desses casais que sempre falam a respeito do que *costumavam* fazer, do que *estudavam*, do que *sabiam*. Vamos voltar ao mundo do pensamento e da ação.

— Concordo plenamente.

E foi exatamente o que eles fizeram.

Janice contou para os filhos o que tinham decidido e pediu que a orientassem com as novas tecnologias. David, o genro do casal, encontrou um aluno de pós-graduação que era um verdadeiro nerd tecnológico e que se mostrou disposto a ajudar Janice a dominar seus novos dispositivos.

Larry se inscreveu em um curso de redação criativa. Ele também encontrou um autor freelance que se ofereceu para dar feedback e ajuda editorial. Ele estava realmente orgulhoso de si mesmo — e também de Janice, cujos dons artísticos eram óbvios, até mesmo nas primeiras incursões nos trabalhos de cerâmica.

Alguns meses depois, Janice mostrava, orgulhosa, suas obras mais recentes.

— Gostou do meu vaso novo? — perguntou.
— É muito bonito! — exclamou Larry. — Esse redespertar intelectual não é nada mau.

Larry e Janice decidiram ir ao escritório do Dr. Jeffrey para compartilhar sua empolgação.

Ele os recebeu calorosamente, como de costume, e perguntou:

— Como vai minha equipe do redespertar? Vocês fizeram acréscimos ao Código de Conduta do redespertar?

— Fizemos, sim — respondeu Janice, ligando o novo tablet e mostrando um documento para o Dr. Jeffrey.

O REDESPERTAR INTELECTUAL

○ Esteja aberto a aprender — Procure o aprendizado em cada situação

○ Leia mais — Busque constantemente novas informações

○ Aprenda com os outros — Deixe que o orientem

○ Tenha coragem — Aventure-se em novas áreas

○ Seja persistente — Não desista, mesmo quando for difícil

Dr. Jeffrey assentiu em aprovação.

— Achei ótimo. Adorei ver você usando um tablet.

— É divertido — disse Janice. — Meus filhos estão me mantendo atualizada e me obrigando a dominar esta coisa.

— Estou até superando minha tecnofobia — comentou Larry. — Agora que Janice aprendeu tudo a respeito da nova tecnologia, ela está me ensinando a usar esse equipamento eletrônico. Decidi que vou me tornar tão inteligente quanto meu celular. Ela me mostrou como enviar mensagens de texto e usar alguns dos aplicativos. Criei uma conta no Facebook, dá para acreditar? Estou até aprendendo a usar o Skype, para poder falar com os nossos netos pelo computador, mesmo que eles estejam do outro lado do país. Nesse ritmo, talvez eu até aprenda a Twitter!

— Você quer dizer twitar — corrigiu Janice.

— Está bem, está bem. Twitter, twitar... seja lá como se diz.

Larry, Janice e o Dr. Jeffrey deram boas gargalhadas.

— Me contem mais sobre essa jornada intelectual — pediu o Dr. Jeffrey.

Empolgado, Larry descreveu seus planos de escrever a história da família e ser mentor de jovens empresários. Janice também falou a respeito de redespertar sua função na empresa sem fins lucrativos e de trabalhar com cerâmica.

— Vocês estão fazendo um trabalho magnífico. Continuem assim — disse o Dr. Jeffrey.

FAÇA UMA PAUSA, REFLITA, COMECE A AGIR

✓ O que você pode fazer para tornar sua vida mais interessante e desafiante?

✓ Que nova tecnologia você poderia adotar, e quem pode ajudá-lo a aprender como utilizá-la?

✓ Faça uma lista das coisas que mais costumavam empolgá-lo, como fazer teatro, fotografar, desenvolver modelos, criar poemas ou escrever.

✓ Como você pode trazer uma dessas paixões de volta à sua vida?

✓ Faça um curso, presencial ou on-line, em uma área que você não conheça ou conheça pouco.

A terceira chave

O redespertar físico

7. O momento da verdade

Janice preparava o jantar quando Larry entrou na cozinha.

— Oi — foi tudo o que ele conseguiu dizer.

— O que aconteceu? — perguntou ela. — Parece que você viu um fantasma! Está tudo bem?

— Na verdade, não — respondeu Larry. — Acabaram de me telefonar do consultório do meu médico. Estou com diabetes.

— Você está com *o quê*? — perguntou ela.

— Diabetes. Isso é sério, Janice. O médico me disse que, sem tratamento, o diabético pode ficar até cego ou perder um membro, ou mesmo um rim.

Agora quem parecia chocada era Janice.

— De repente, do nada, você descobriu que é diabético?

Larry balançou a cabeça.

— Eu já tinha notado que andava mais cansado do que de costume e estava urinando com mais frequência, mas não fazia ideia de que fosse tão sério.

— Qual é o prognóstico do médico? Ele acha que você vai ficar bem?

— Ele disse que depende de mim. Ele pode me receitar medicamentos, mas essa é apenas uma solução temporária. Se eu quiser impedir que a doença piore, preciso fazer mudanças... Dieta, exercício, todas as coisas que sei que deveria estar fazendo.

— Ora, ora — disse o Dr. Jeffrey. — Não esperava ver vocês tão cedo.

— Nós também não esperávamos voltar tão rápido — retrucou Larry —, mas quando descobri que estou com diabetes...

— Do tipo 1 ou do tipo 2? — perguntou Jeffrey.

— Do tipo 2.

— Oh, o diabetes da mudança do estilo de vida.

— Isso mesmo. Preciso mudar os meus hábitos.

— Para falar a verdade — acrescentou Janice —, Larry não é o único que precisa fazer mudanças.

— Por que você está dizendo isso? — perguntou Larry.

— Você se lembra de que almocei outro dia com a minha amiga Charlotte e cheguei em casa muito aborrecida?

— Me lembro muito bem — respondeu Larry. — Por um instante achei que eu tinha feito alguma coisa errada.

— Não tinha nada a ver com você. Tive uma dificuldade enorme para chegar ao restaurante. O centro da cidade estava atulhado de gente, e foi muito difícil encontrar vaga. Quando achei, era a quase dez quadras do restaurante. Quando cheguei lá, eu estava suada, cansada e irritada.

— Eu me lembro de você contando o martírio que tudo aquilo foi para você.

— Eu sabia o que Larry estava pensando — disse Janice para o Dr. Jeffrey. — Ele estava pensando que eu tinha ficado cansada daquele jeito principalmente porque não faço atividades físicas.

— Mas eu não abri a boca — reclamou Larry.

— Você não precisou dizer nada — insistiu Janice. — Eu sabia o que você estava pensando.

— Então você consegue ler pensamentos — comentou, brincando, o Dr. Jeffrey. — Você realmente sabe o que Larry está pensando?

— Não, acho que eu sabia o que *eu* estava pensando. Também não tenho cuidado muito bem de mim mesma — admitiu Janice.

Larry se virou para Janice e disse, em um tom suave:

— Acho que, durante o fim de semana do encontro da nossa turma, nós comemos bem e permanecemos ativos. Mas, depois disso, a impressão que eu tenho é de que você ficou assoberbada pelo novo cargo e se esqueceu da saúde.

— Exatamente — confirmou Janice. — Como eu disse, já faz algum tempo que sei que preciso fazer certas mudanças, e você também. Você se lembra de quando reclamou de que a sua calça tinha encolhido na lavanderia?

— Lembro — respondeu Larry.

— A calça não encolheu na lavanderia e ficou apertada. É você que está maior!

Dr. Jeffrey começou a rir, mas logo parou e sugeriu:

— Parece que vocês precisam redespertar fisicamente.

— O senhor deve estar certo — concordou Janice. — Mas parece que vai ser muito trabalhoso. Acho que vamos ter que virar a nossa vida de cabeça para baixo.

86 | APOSENTE-SE, MAS NÃO SE AUSENTE

— Talvez — disse o Dr. Jeffrey. — Mas pode ser mais fácil do que vocês imaginam, já que ambos assumiram o compromisso de redespertar.

— O que o senhor tem em mente? — perguntou Larry.

— Vocês dois ganharam peso e não fazem atividades físicas, certo?

— Sempre penso em voltar a me exercitar — afirmou Larry. — Mas devo confessar que, na maioria das vezes, a ideia não é posta em prática.

— Não faço nenhum exercício — admitiu Janice.

— A combinação de comer demais e não se exercitar o suficiente causou sua fadiga, Janice, e os mesmos hábitos contribuíram para o desenvolvimento do diabetes, Larry.

— Tendo em vista esses fatos, a questão é: o que deveríamos estar fazendo? — indagou Janice. — Não quero fazer um desses programas loucos de dieta nos quais você só come X pela manhã, não come Y à noite e não come nada gostoso nunca.

— Nem eu — concordou Larry. — Não quero me envolver com uma dieta de brotos, nozes e verduras.

Os três caíram na risada.

— Acho que desejamos os resultados, mas não estamos dispostos a mudar o que fazemos — disse Larry.

— Talvez você esteja certo — concordou o Dr. Jeffrey. — Mas tenho algumas ideias.

— Como o que, por exemplo? — perguntou Janice.

— Acho que o ideal é começar com os exercícios, em vez de tentar lidar com a comida.

— Por que o senhor diz isso? — quis saber Larry.

— Porque, depois que você começa a se exercitar, nunca mais para — explicou o Dr. Jeffrey. — Por outro lado, quando tenta perder peso reduzindo calorias, você pode ser perfeito durante 23 horas e meia e depois estragar tudo na última meia hora. Então sugiro que comecem com os exercícios, porque, nesse caso, tudo o que vocês têm que fazer é tomar a decisão e ir em frente.

— Gostei da ideia — disse Larry.

— Quero que comecem com a *dose minimamente eficaz*.

— O que é isso? — perguntou Janice.

— A dose minimamente eficaz é descobrir exatamente o que você precisa para obter o efeito que deseja — explicou o Dr. Jeffrey.

— Isso soa como não fazer nada — disse Larry.

— Mas não é — afirmou o Dr. Jeffrey. — A dose minimamente eficaz significa fazer apenas o suficiente e nada além disso.

Janice disse:

— Para ser sincera, sempre detestei a ideia de ir à academia, malhar com outras pessoas, levar meia hora para chegar lá, mudar de roupa e depois ainda voltar para casa para me arrumar.

— Não é isso que você precisa fazer — disse o Dr. Jeffrey. — Para pessoas da sua faixa etária, que estão lidando com problemas médicos típicos da idade, a dose minimamente eficaz de exercício é caminhar cinco ou seis vezes por semana, de 30 a 45 minutos por dia.

— O senhor só pode estar brincando — comentou Janice. — Só isso?

— Não estou brincando, é só isso. E não significa que vocês não possam optar por fazer mais exercícios, se desejarem.

— Queria dar uma sugestão — disse Larry.

— Qual? — perguntou Janice, desconfiada.

88 | APOSENTE-SE, MAS NÃO SE AUSENTE

— Como nos levantamos bem cedo e nenhum de nós precisa começar as atividades nessa hora, que tal caminharmos todas as manhãs? Se estiver chovendo ou muito frio, podemos ir à YMCA e usar a esteira. Podemos começar com 30 minutos e acrescentar 5 minutos por semana, até acharmos que é suficiente. E essa será a nossa dose minimamente eficaz — propôs Larry.

— Mas e se não for suficiente? — indagou Janice.

— Você pode consultar seu médico, é claro, mas tenho muitos pacientes da idade de vocês e conheço bem o assunto — declarou o Dr. Jeffrey. — De acordo com os estudos que tenho lido, isso provavelmente será suficiente. Se vocês comprarem um bom par de tênis, usarem roupas adequadas e caminharem regularmente, acho que ambos começarão a se sentir melhor. Você não se sentirá mais tão cansada, Janice. E isso o ajudará a controlar o diabetes, Larry.

"Por falar nisso, li que menos de 20% das pessoas com mais de 65 anos fazem qualquer tipo de atividade física regularmente. Se vocês se empenharem na caminhada, ficarão mais em forma do que 80% das pessoas da sua faixa etária. Isso não seria maravilhoso?"

— OK — declarou Janice. — Vamos começar a nos exercitar. E depois?

— Meu médico disse que preciso perder 10 quilos — comentou Larry.

— Eu queria perder uns 7 — acrescentou Janice.

— Essas são metas perfeitamente possíveis — declarou o Dr. Jeffrey. — Sugiro que vocês parem de comer e beber de maneira *descuidada* e comecem a *prestar atenção* no que comem e bebem.

— De maneira descuidada? Prestar atenção? Do que o senhor está falando? — perguntou Larry.

— Descreva o que você come à noite — pediu o Dr. Jeffrey.

— Larry não vai gostar de ouvir isto, mas ele toma um drinque antes do jantar e ainda bebe uma ou duas taças de vinho durante a refeição. Quase todas as noites ele repete o prato. E ainda pergunta qual é a sobremesa.

Dr. Jeffrey se voltou para Larry.

— Três drinques à noite, mais a sobremesa, além do que você come na refeição, obviamente é demais. Imagino que essa maneira de comer e beber se tornou um hábito. Você nem deve reparar que está bebendo tanto.

— O senhor está certo — concordou Larry. — Mas não quero parar de beber. Além disso, eu li que beber uma ou duas taças de vinho tinto à noite é bom para o coração.

— Mas você não tem problemas cardíacos, querido; você é diabético — retrucou Janice.

— Sugiro que você passe a beber água ou mate gelado com adoçante durante as refeições e uma ou duas taças de vinho nas ocasiões sociais — propôs o Dr. Jeffrey. — É assim que você pode começar a ficar atento ao que costuma beber.

— Tenho algumas ideias a respeito de como podemos ficar mais atentos com relação ao que eu cozinho — disse Janice. — Por favor, me diga se estou no caminho certo, Dr. Jeffrey.

— Nada de grama ou brotos — interrompeu Larry em tom ameaçador.

— Não, nada de grama ou brotos, mas vou fazer certas mudanças, algumas das quais você vai perceber, e outras, não.

90 | APOSENTE-SE, MAS NÃO SE AUSENTE

Larry fechou a cara.

— Mudanças? Como o quê?

— Para começar, posso cozinhar de maneira diferente. Posso descobrir um jeito de não fazer molhos cremosos e sobremesas açucaradas. Vamos fazer o seguinte: vou deixar você ser o guru das atividades físicas. Que tal você me deixar ser o guru da comida? Tomarei medidas para que a gente se torne mais consciente de quando, como e por que comemos. Também vamos tentar reduzir em 20% a quantidade de tudo o que comemos.

— Reduzir a quantidade?

— Janice tem razão — afirmou o Dr. Jeffrey. — Não se trata apenas *do que* você come, mas também *de quanto* você come.

— Acho que é muito fácil comermos mais do que precisamos — disse Janice. — Com frequência, não continuamos a comer até nos sentirmos cheios, em vez de comer até nos sentirmos bem ou satisfeitos?

— Este é outro ponto importante — declarou o Dr. Jeffrey. — Há uma grande diferença entre se sentir cheio e estar satisfeito. Se você comer até ficar cheio, comerá demais, mas se comer até ficar satisfeito e então parar, você está prestando atenção ao que o seu corpo está lhe dizendo.

— OK, vocês me convenceram, vou tentar — disse Larry.

— E vou prometer uma coisa — acrescentou Janice. — Tudo o que eu cozinhar vai ser muito gostoso. Não vou usar comida de dieta; nada de brotos e nozes. Vamos comer menos, ter mais prazer e perder peso.

Janice se voltou para o Dr. Jeffrey.

— E tem mais. Tenho o mau hábito de comer tarde, à noite, especialmente quando estou estressada, cansada ou preocupada. Vou ter que lidar sozinha com esse problema.

— Eu não tenho esse problema — disse Larry.

— Eu sei — retrucou Janice. — Por isso estou dizendo que o problema é meu, não seu. Tenho que descobrir o que posso fazer em vez de comer quando estiver descontente.

— Ótimo, os planos são excelentes. Creio que já temos tudo certo — declarou Larry.

— O que você quer dizer com tudo certo? — perguntou o Dr. Jeffrey.

— Se elaborarmos um bom programa de exercícios e eu preparar refeições mais saudáveis, Larry e eu vamos perder peso. Acho que é o que Larry quis dizer, ou seja, que estamos a caminho de redespertar fisicamente.

— Sem dúvida é um bom começo — declarou o Dr. Jeffrey. — Mas, na minha opinião, vocês ainda precisam lidar com algumas outras coisas, se realmente querem ficar saudáveis.

— Nossa, isso parece sério — comentou Janice.

— E é — confirmou o Dr. Jeffrey. — Mas não quero minimizar a importância do que decidiram fazer. Os exercícios aeróbicos que vocês mencionaram são necessários para a saúde cardiovascular. Além disso, como vocês já indicaram, essa é a melhor maneira de queimar calorias e, a longo prazo, gordura corporal. Do ponto de vista da nutrição e do controle de peso, não importa o quanto vocês se exercitarem: se não mudarem o que comem, nunca chegarão ao peso que desejam ou terão a saúde ideal. Assim, seus planos nessas duas áreas são bons.

"Mas, além dos exercícios aeróbicos, da nutrição e do controle de peso, um programa completo de saúde e aptidão física contém mais quatro componentes."

— E quais são? — perguntou Larry.

92 | APOSENTE-SE, MAS NÃO SE AUSENTE

— Flexibilidade; treinamento de equilíbrio; repouso, ou sono; e treinamento de força.

— Treinamento de força? — perguntou Larry. — Você quer que eu desenvolva meus músculos?

— Em vez de ser eu a responder perguntas como essa, por que vocês não procuram um instrutor na YMCA do centro da cidade? Posso encaminhar vocês para o homem que dirige o programa de condicionamento físico de lá. Vou ligar para ele e dizer que vocês vão lhe fazer uma visita. Antes de procurá-lo, recomendo que marquem uma consulta com seu médico para informar o que estão planejando fazer.

— Faremos isso — declarou Janice. — Certo, Larry?

— Certo — respondeu Larry.

— O médico de vocês também está mais bem qualificado para explicar a importância do sono e do repouso.

— Gosto da ideia de que Janice marque uma consulta com o nosso médico — comentou Larry. — Mas ela nem sempre faz o que ele recomenda.

— Como assim? — perguntou Janice.

— Você sabe muito bem o que eu quero dizer — respondeu Larry. — Sei que você detesta pensar nisso, mas o que está fazendo a respeito da sua pressão alta?

Janice fechou a cara.

— Como assim o que eu estou fazendo? Visitei o Dr. Frederick e ele me receitou um remédio, foi só isso.

— Só isso? — indagou Larry.

— Sim, foi só isso — respondeu Janice.

— Eu sei que ele receitou um remédio, mas essa não é a questão. A questão é se você tomou ou não o remédio — disse Larry.

— Você sabe que eu detesto tomar remédios, Larry. Além disso, estou bem.

— Eu sei que você está bem, mas, como disse o Dr. Frederick, quem tem pressão alta nem sempre apresenta sintomas.

— Acho que Larry está certo — comentou o Dr. Jeffrey. — Você deveria fazer o que o médico recomenda.

— Eu sei que o senhor está certo — disse Janice. — Eu deveria verificar e anotar qual é a minha pressão todos os dias, para informar ao médico na próxima consulta o que está acontecendo. Também deveria tomar os remédios que ele receitou. Eu sei, eu sei, eu sei. Só gostaria que Larry parasse de me atazanar por causa disso.

— Atazanar?! — exclamou Larry. — Eu não fiz isso uma única vez. Acho que o fato de você se recusar a falar a respeito da sua pressão alta e de não tomar o remédio significa que você está fugindo de uma coisa realmente importante. E agora o Dr. Jeffrey está sugerindo que você procure o Dr. Frederick antes que a gente comece a redespertar fisicamente.

— Acho que a perda de peso e as atividades físicas vão baixar minha pressão — declarou Janice.

— É provável — disse o Dr. Jeffrey. — Isso é uma coisa que você deve perguntar ao seu médico. Mas, até o dia da consulta, por que não se compromete a tomar o remédio todos os dias e checar a pressão algumas vezes por semana?

Janice mexeu nervosamente na aliança enquanto pensava na pergunta. Por fim, deu um suspiro e disse:

— OK.

94 | APOSENTE-SE, MAS NÃO SE AUSENTE

— Muito bem — disse o Dr. Jeffrey. — Quando vocês tiverem a autorização do Dr. Frederick para começar a redespertar fisicamente, procurem o instrutor na YMCA.

— Combinado — disse Larry.

***

Depois do encontro com o Dr. Jeffrey, Larry e Janice compreenderam que o redespertar físico poderia ser mais difícil do que o emocional ou o intelectual.

Seguindo a recomendação do Dr. Jeffrey, eles marcaram uma consulta. O Dr. Frederick repreendeu Janice levemente pela opção de não tomar o remédio e entregou a ela uma nova receita, mas ficou satisfeito ao informar que tudo mais em sua saúde estava bem. Larry recebeu a boa notícia de que seus níveis de açúcar no sangue já estavam mais baixos. O Dr. Frederick o aconselhou a continuar trabalhando nas mudanças que fizera e receitou alguns medicamentos via oral. Ele não apenas concordou com o novo programa de exercícios; ele os incentivou a segui-lo.

Os dois respeitaram o compromisso de caminhar ao ar livre ou na esteira cinco ou seis vezes por semana durante 30 a 45 minutos, pelo menos na maioria das vezes. Houve algumas semanas em que a agenda atrapalhou os exercícios. Mas eles retomaram o programa porque viram uma diferença positiva no tônus muscular e nos níveis de energia. Além disso, começaram a notar que ficavam empanturrados e se sentiam menos vigorosos quando não comiam com sensatez.

E também marcaram um horário com o instrutor da YMCA e aprenderam a fazer exercícios leves para desenvolver força, equilíbrio e flexibilidade.

FAÇA UMA PAUSA, REFLITA, COMECE A AGIR

✓ Identifique pelo menos uma maneira de aderir a uma alimentação mais saudável.

✓ Qual o primeiro passo que você pode dar para se tornar fisicamente mais ativo?

✓ Qual o obstáculo que o impede de fazer isso?

✓ Como você pode remover esse obstáculo?

✓ Defina uma meta moderada, como perder 2 quilos ou caminhar 1,5 quilômetro por dia. Defina uma data para alcançar essa meta e comece hoje mesmo!

8. Como lidar com os reveses da vida

Larry e Janice tinham acabado de colocar os últimos pratos do jantar na lava-louça quando a campainha tocou.

— Devem ser Phil e Kelly — disse Larry. — Bem a tempo para a sobremesa e o café descafeinado. Seus bons amigos tinham perdido as últimas atividades da Turma da Última Hora. Quando Janice telefonou em busca de notícias, Kelly explicou que ficariam inativos durante algum tempo porque Phil estava enfrentando problemas de saúde. Kelly não fornecera detalhes, e Janice não insistira.

— Sejam bem-vindos! — exclamou Janice, ao abrir a porta. O sorriso dela se transformou em uma expressão de surpresa quando viu Phil. O homem, que era uma das pessoas mais vigorosas que os dois conheciam, estava apoiado em um andador. Kelly estava de pé a seu lado e segurava seu braço de forma protetora.

— Céus! Você está bem? Podemos fazer alguma coisa para ajudar?

98 | APOSENTE-SE, MAS NÃO SE AUSENTE

— Não — respondeu Phil, rindo. — Só fique olhando enquanto eu me arrasto até uma cadeira. Assim que eu estiver acomodado, tudo estará bem.

Janice os conduziu à sala de estar, onde uma bandeja com frutas e café os esperava.

— Que tal café descafeinado e frutas? — perguntou.

— Parece ótimo — respondeu Kelly.

— Sirva um para mim também — pediu Phil.

Larry saíra da cozinha e parou de repente ao dar de cara com Phil, que deixava o andador para se sentar no sofá.

— Meu Deus, Phil, o que aconteceu com o meu parceiro de golfe?

— Bem, eu estava andando de um lado para o outro no escritório quando, de repente, senti uma dor incrível nas costas e pontadas nas pernas. Foi do nada.

— Isso não parece bom — disse Janice, entregando a Phil a xícara de café. — Então, o que você fez?

— Como de costume, tentei não dar atenção ao que estava sentindo, mas a dor não foi embora. Então, procurei "dor nas costas" no Google para descobrir o que estava acontecendo. Tentei resolver por conta própria fazendo alongamento e alguns exercícios no chão, o que ajudou um pouco, mas não muito. Quando a dor piorou, finalmente liguei para o médico e contei o que estava sentindo.

— E aí? — encorajou-o Larry.

— O médico disse que tudo indicava que eu estava com um problema de disco. Ele acrescentou que em 90% dos casos esse tipo de problema se resolvia sozinho. Disse que eu não precisava me preocupar e sugeriu que eu tomasse Ibuprofeno, ficasse alguns dias em repouso e voltasse a ligar para ele para dizer como eu estava.

— Então? — perguntou Janice.

— Claro que eu só prestei atenção a algumas partes do que ele disse. Recorri novamente à internet e fiz uma pesquisa sobre discos, dor nas pernas e assim por diante. Constatei que poderia ser sério, mas, como disse o meu médico, em 90% das vezes a dor desaparece. Passei a jogar menos golfe e comecei a repousar mais, mas a dor não foi embora.

— E o que você fez? — perguntou Larry.

Kelly interrompeu.

— Eu vi que Phil não estava melhorando, então insisti que ele telefonasse para o médico. Nesse ponto a dor estava tão forte que ele tinha dificuldade para dormir e se vestir.

Phil bebericou o café.

— Resumindo a história: fiz uma ressonância magnética e fui informado de que tinha uma hérnia de disco e vários outros problemas na coluna que vêm com a idade. O médico disse que, se eu não fizesse uma cirurgia, as coisas poderiam piorar e eu poderia perder permanentemente algumas funções na perna direita. Fiquei de repouso durante uma semana e busquei uma segunda opinião na escola de medicina da universidade, mas não havia como contornar a situação: eu precisava da cirurgia. Ela foi realizada há um mês, e aqui estou, no caminho da recuperação. E que caminho!

Larry e Janice trocaram um olhar. Larry respirou fundo e disse:

— Puxa, Phil, isso parece difícil.

Phil deixou escapar um riso melancólico.

— Eu que o diga. Esta é a experiência mais interessante, desafiante, educacional, dolorosa, complicada e mortificante de toda a minha vida.

— Como assim? — perguntou Janice.

— Sempre fui um cara saudável e jamais tive qualquer problema grave de saúde. Nunca fiquei internado depois

100 | APOSENTE-SE, MAS NÃO SE AUSENTE

de adulto, e a minha única operação foi para retirar as amídalas, quando eu tinha 4 anos. Então, essa crise de saúde não só foi nova como também extremamente assustadora. Poderia ter sido menos opressiva para pessoas que já haviam lidado com doenças ao longo da vida, mas, como sempre fui saudável, tudo foi muito difícil. Isso realmente me derrubou.

Larry assentiu.

— Entendo bem. Foi como me senti quando recebi o diagnóstico de diabetes. O que mais o assustou?

— A cirurgia foi mais complicada do que o esperado, e isso foi o mais amedrontador. Minha permanência no hospital foi mais longa do que o previsto, e todas as garantias otimistas de que eu estaria livre da dor em poucos dias e andando depois de uma semana, de que eu voltaria a ser o mesmo após mais uma semana e de que poderia voltar ao escritório no fim do mês se revelaram exageradamente otimistas. Fiquei com medo de que talvez nem melhorasse.

— Tudo tem sido realmente muito difícil para Phil — comentou Kelly. — Ele aguentou ter que ficar na cama por mais de duas semanas, o que foi muito complicado, precisando de ajuda para se vestir e até para tomar banho. Graças a Deus, quase tudo já ficou para trás. Ele odeia usar o andador. Eu me sinto impotente tendo que assistir enquanto ele tenta descobrir como lidar com tudo isso.

Janice ofereceu a Phil um prato com uvas e melão fatiado.

— Conheço pelo menos duas outras pessoas que tiveram problemas nas costas, mas elas não falam muito sobre o assunto.

— E eu entendo — afirmou Phil. — À medida que fomos contando minha história para outras pessoas, começamos a descobrir que os problemas nas costas são relativamente comuns. Na realidade, a dor nas costas é a principal causa de incapacidade dos norte-americanos com mais de 45 anos, e uma em três pessoas terá algum problema nas costas depois dos 65 anos.

— Você disse que essa foi uma experiência de aprendizado — interveio Larry. — Em que sentido?

— Estou aprendendo que não sou tão infalível quanto pensava. Estou aprendendo como é sentir dor e também a pedir ajuda. Aprendi a tomar banho sentado e a contar com Kelly para vestir as meias, porque fui proibido de me curvar durante as primeiras duas semanas.

A sala ficou em silêncio.

De repente, Phil riu alto.

— Tenho avaliado esse redespertar em um nível completamente novo! — Parecia que o velho Phil estava de volta.

— Eu posso não conseguir mais fazer excursões de alpinismo com meus amigos, mas não tenho dúvidas de que voltarei a caminhar na praia com Kelly. Neste ponto da minha jornada do redespertar, não vou conseguir trabalhar muito, ainda mais se tiver que ficar sentado em uma cadeira por horas a fio, porque o meu corpo não me permite fazer isso por enquanto. Mas, no lado positivo, este problema me obriga a pensar a respeito de outras coisas que posso fazer para me manter ativo.

— Queria ter sido informada sobre o que você estava passando, Phil; eu poderia ter ajudado — comentou Janice.

— Eu não queria incomodar ninguém — afirmou Phil.

— Então você tem sofrido em silêncio — brincou Larry.

— Mais ou menos. Para ser sincero, tive que resistir à tentação de desistir.

— Como assim? — perguntou Janice, alarmada.

102 | APOSENTE-SE, MAS NÃO SE AUSENTE

— Fiquei deprimido e realmente passei a me menosprezar. Tentava descobrir por que isso havia acontecido comigo. Senti que eu tinha sido escolhido como vítima pelo destino, por Deus, ou seja lá pelo que fosse, e estava começando a pensar em mim mesmo como um inválido.

— Mas adivinhem só? — interveio Kelly. — Nossos filhos se recusaram a ouvir isso.

— Seus filhos? — perguntaram Larry e Janice ao mesmo tempo.

— Sim, nossos filhos. Eles ligaram para o pai e disseram que esperavam que ele se recuperasse, que não aceitariam que ele desistisse. Disseram que, embora parte da recuperação dependesse do resultado da cirurgia, grande parte dependeria da disposição de Phil em trabalhar para recuperar a força, fazer fisioterapia e qualquer outra coisa que fosse necessária. Eles foram solidários, mas, ao mesmo tempo, diretos e objetivos. Era o amor severo novamente, mas dessa vez Phil o recebeu em vez de distribuir.

— É verdade, as "crianças" e eu trocamos de papel. Em vez de eu estar ao lado delas quando estavam em apuros, foram elas que ficaram ao meu lado.

Larry sorriu.

— Eu me lembro da primeira vez que isso aconteceu comigo. Há alguns anos, quando eu ainda esquiava, minha filha mais nova precisou ir mais devagar e esperar por mim para garantir que eu estava bem, em vez de eu ir mais devagar e esperar por ela. Foi uma sensação estranha.

Janice esquentou o café de Phil.

— Então, agora que está do outro lado, o que você aprendeu?

— Ainda estou aprendendo — respondeu Phil. — Estou aprendendo que coisas ruins podem acontecer a qualquer

KEN BLANCHARD E MORTON SHAEVITZ | 103

pessoa, e não existem garantias ou bilhetes gratuitos na vida. Eu já dizia isso, mas agora realmente compreendo. Aprendi que é fácil nos sentirmos otimistas e prontos para redespertar quando estamos bem, mas não tanto quando estamos nos sentindo mal. Aprendi a apreciar as coisas mais simples, como ser capaz de vir até aqui fazer uma visita; dar um passeio na frente da minha casa ou ir ao cinema, o que poderei fazer na semana que vem, assim que receber autorização para ficar sentado durante algumas horas seguidas.

— Também aprendi muito com isso — declarou Kelly.

— O que, por exemplo? — indagou Janice.

— Aprendi que, independentemente das nossas circunstâncias, ainda temos a escolha de como lidar com elas. Aprendi isso ao ver como o comportamento de Phil mudou completamente depois que ele escutou nossos filhos.

— Não foram apenas as crianças que causaram essa transformação — declarou Phil. — Grande parte da mudança ocorreu porque fiquei furioso.

— Furioso? Como assim? — perguntou Larry.

— Fiquei furioso comigo mesmo por viver choramingando. Fiquei cheio de mim mesmo por ser tão passivo e agir como um fraco, esperando que outras pessoas viessem me resgatar. Fiquei simplesmente furioso.

— E vocês sabem o que acontece quando Phil fica furioso? — indagou Kelly com um sorriso.

— O quê? — perguntou Janice.

— A raiva o estimula. Deixa-o animado. É o oposto de quando ele está deprimido, quando só fica sentado se lastimando. Quando Phil fica zangado, ele se torna criativo. Ele se abre e faz o tipo de coisa que lhe trouxe tanto sucesso em outras áreas da vida. É uma das coisas de que eu gosto nele.

104 | APOSENTE-SE, MAS NÃO SE AUSENTE

— Fiquei furioso e percebi que a recuperação só dependia de mim — disse Phil. — Eu não podia ficar esperando por outras pessoas. O cirurgião já tinha feito a parte dele, e agora, para que eu pudesse fazer as coisas que eu queria, teria que parar de ficar sentado me lamentando e começar a agir. Liguei para dois amigos que tinham se submetido ao mesmo tipo de cirurgia, e ambos estavam relativamente bem. Meu amigo Don, que havia sido operado seis meses antes, disse que o processo de recuperação durara um longo tempo, muito mais do que os cirurgiões o tinham levado a acreditar. Ele finalmente estava retomando o ritmo das coisas e conseguia andar sem ajuda. O meu outro amigo, Walt, foi me visitar. Assim como na cirurgia de Don, a recuperação demorara muito mais do que o esperado, mas ele já estava vivendo uma vida plena e ativa, quase igual à que tinha antes, talvez na faixa de 80% a 90%.

— Essa foi uma excelente ideia, obter incentivo de pessoas que tinham passado pela mesma situação — comentou Janice. — Eles sugeriram alguma coisa?

— Ambos disseram que era muito importante escolher um bom fisioterapeuta. Conseguimos encontrar uma pessoa agradável e bem-informada. Fico feliz em relatar que estou na primeira semana de fisioterapia e acho que tudo vai dar certo.

— Na verdade — interveio Kelly —, Phil já não usa o andador há duas semanas. Nós só o trouxemos porque não sabíamos onde conseguiríamos estacionar. Ele agora usa uma bengala e anda sozinho.

Phil assentiu, dizendo:

— Fico impressionado em ver como fico cansado depois de uma hora de fisioterapia, ainda mais considerando o quanto eu costumava me exercitar.

— O lado positivo — comentou Kelly — é que temos saído para jantar fora.

— E, além de ir ao cinema na semana que vem, acredite ou não, vamos a um jantar dançante sábado à noite. Mas vou ter que levar a bengala.

Kelly sorriu.

— E provavelmente não vamos dançar muito. Mas a questão é que estaremos com os nossos amigos, vivendo novamente uma vida de verdade.

— Isso aí! — exclamou Larry.

Kelly colocou a mão no braço de Phil.

— Toda essa provação nos ensinou que o redespertar não é apenas para os fortes e sadios; é algo que podemos fazer mesmo quando não estamos completamente saudáveis. Grande parte da nossa saúde e da recuperação de uma doença depende de como agimos. Phil e eu decidimos aceitar o que aconteceu e, ao mesmo tempo, permanecer concentrados no que é positivo — todos os dias.

Mais tarde, depois que Larry e Janice tinham se deitado, eles refletiram sobre os eventos da noite.

— Fiquei chocada ao ver Phil usando um andador quando abri a porta — comentou Janice.

— O que mais me surpreendeu — disse Larry — foi o fato de Phil, que geralmente é tão animado e positivo, ter se comportado como todo mundo quando, de repente, se viu diante de uma limitação física.

— Foi mesmo surpreendente — concordou Janice. — Fiquei impressionada com a maneira como eles foram abertos e sinceros com relação aos altos e baixos pelos quais passaram. Admiro essa atitude, sabe por quê? Porque qualquer coisa pode acontecer, com qualquer um de nós, a qualquer momento.

— Phil é um grande exemplo de vida — comentou Larry. — Ele realmente nos fez compreender que cabe a nós determinar como lidar com um revés. Estou muito feliz porque ele decidiu que não vai permitir que isso assuma o controle de sua vida.

— E eu gostei do que Kelly disse a respeito do redespertar: que não é apenas para aqueles que são fisicamente fortes. Tenho a impressão de que, entre aqueles que estão redespertando, Phil e Kelly talvez sejam os mais bem-sucedidos.

Certa manhã, Larry subiu na balança e viu que estava a meio caminho da meta de perder 10 quilos.

— Está na hora de visitar o Dr. Jeffrey! — disse a Janice. — Quero me exibir um pouco.

A caminho do escritório do Dr. Jeffrey, Janice comentou:

— Depois de presenciar a batalha de Phil para se recuperar da lesão nas costas, eu me sinto grata por termos sido capazes de redespertar fisicamente nos últimos meses.

— Concordo plenamente. Não vou aceitar como fato consumado que posso dar um pulo na YMCA e fazer algumas séries de leg press e de exercícios para bíceps.

Quando se acomodaram na cadeira no escritório do Dr. Jeffrey, Larry e Janice estavam animados para mostrar seu código de conduta do redespertar físico:

O REDESPERTAR FÍSICO

✓ Seja saudável — Respeite e fortaleça o seu corpo

✓ Exercite-se — Mexa o corpo

✓ Coma com consciência — Coma menos e saboreie mais

✓ Seja dinâmico — Dê o seu melhor; descanse bem

✓ Permaneça flexível — Faça alongamento todos os dias

✓ Adquira equilíbrio — Tente apoiar todo o seu peso em um dos seus pés

Depois que o Dr. Jeffrey sorriu, demonstrando que aprovava o código, Larry e Janice ficaram mais animados enquanto relatavam não apenas o que tinham feito para redespertar fisicamente, mas também o que tinham aprendido com relação a lidar com os reveses. Larry até exibiu os músculos mais desenvolvidos do peitoral.

— Achava que esses músculos do peito tinham desaparecido para sempre — declarou Larry, com uma risada. — Dr. Frederick elogiou meu progresso e disse que meu peso está cada vez melhor. Acho que isso demonstra que é possível recuperar o passo, mesmo depois de uma queda.

Janice deu ao Dr. Jeffrey uma demonstração de como era capaz de se equilibrar em um pé só de cada vez durante quase um minuto.

108 | APOSENTE-SE, MAS NÃO SE AUSENTE

— Estamos começando a nos sentir renovados — afirmou Janice. — Um amigo nosso teve uma lesão debilitante nas costas, o que nos tornou especialmente conscientes da sorte que temos de poder malhar na academia.

— Essa é uma atitude vencedora — declarou o Dr. Jeffrey.

FAÇA UMA PAUSA, REFLITA, COMECE A AGIR

✓ Identifique um revés — pode ser físico, financeiro, emocional — pelo qual você tenha passado. Como você reagiu?

✓ Quais aprendizados podem ajudá-lo a lidar de maneira mais eficaz com futuros reveses?

✓ Que revés ou desafio você está enfrentando agora?

✓ Quais são as coisas que você pode fazer para lidar com esse revés ou desafio?

✓ Escolha uma coisa que você possa fazer e comece esta semana.

A quarta chave

O redespertar espiritual

9. A realidade mais ampla

Dr. Jeffrey se reclinou na cadeira com uma expressão pensativa.

— Quando penso no dia em que vocês vieram me visitar pela primeira vez, há nove meses, fico impressionado com as mudanças que fizeram. Vocês estão mesmo abordando a vida com entusiasmo e tornando-a mais atrativa. São exemplos vivos do que o redespertar significa. Vocês não pensam apenas sobre essas coisas; também modificaram seu comportamento. Documentar suas experiências trouxe enorme contribuição para minha pesquisa. Os dois estão se saindo muito bem nas áreas emocional, intelectual e física.

— Então conseguimos! — disse Larry.

— Não, não exatamente — declarou o Dr. Jeffrey. — De muitas maneiras, a parte mais interessante da jornada, e talvez a mais desafiante, ainda está por vir.

— O senhor está se referindo à parte espiritual — comentou Janice.

— Isso mesmo — respondeu o Dr. Jeffrey. — O redespertar espiritual acrescenta outro nível

112 | APOSENTE-SE, MAS NÃO SE AUSENTE

de entusiasmo e alegria à jornada. No entanto, a espiritualidade frequentemente é a conversa mais difícil que podemos ter. Mais difícil até do que falar sobre sexo.

— Acho que, se podemos falar sobre sexo, podemos falar sobre espiritualidade — afirmou Janice. — Mas por que o senhor acha que é tão difícil?

— Porque as pessoas com frequência associam espiritualidade à religião — explicou o Dr. Jeffrey — e, infelizmente, elas querem ter razão quanto à religião. A não ser que vocês tenham sido criados com as mesmas crenças, a situação fica um pouco delicada. Falem a respeito da sua formação espiritual.

Larry logo se manifestou.

— No geral, levamos uma vida espiritual bastante satisfatória. Janice vai à igreja comigo quando eu peço. Os nossos filhos frequentaram a escola dominical e foram batizados, então isso foi bom.

— Para ser sincera, Larry, só tenho feito todas essas coisas porque você queria que eu fizesse.

Larry olhou para a mulher, surpreso.

— Como assim?

— Você foi criado de maneira relativamente tradicional — explicou Janice. — Sua mãe e seu pai ficaram casados a vida toda, compartilhavam a mesma fé, e você e os seus irmãos foram criados frequentando a escola dominical e os serviços.

— Exatamente — confirmou Larry. — E eu sei que a sua formação foi diferente.

— Diferente! — retrucou Janice. — Ela não poderia ter sido mais diferente! Lembre-se de que minha mãe já tinha sido casada antes de conhecer meu pai. Na melhor das hipóteses, ela era agnóstica e ele era um judeu não religioso, e fui criada com certo grau de confusão espiritual.

— Confusão espiritual? Pode explicar melhor? — perguntou o Dr. Jeffrey.

— Recebi mensagens ambíguas — respondeu Janice. — Mamãe e papai pareciam achar que a fé era uma coisa boa, mas nunca iam ao templo nem falavam sobre religião. Como resultado, eu nunca soube quem era, do ponto de vista da espiritualidade. Portanto, quando conheci Larry e vi como ele tinha suas crenças bem-definidas, achei que era mais fácil simplesmente acompanhá-lo.

— Simplesmente me acompanhar? — disse Larry. — Eu nunca soube disso.

— Eu não queria fazer disso um problema. Era importante para você...

— E ainda é — declarou Larry.

— Certo — disse Janice. — Por isso eu simplesmente o acompanhei, e foi aceitável. Tanto para mim quanto para as crianças.

— Qual a posição dos seus filhos com relação à espiritualidade? — perguntou o Dr. Jeffrey.

— Sinceramente, não sei — disse Larry, com um sorriso pesaroso.

— Em algum lugar no *continuum* entre a fé e o agnosticismo — sugeriu Janice.

— Você quer dizer em algum lugar entre vocês dois — disse o Dr. Jeffrey, com um sorriso.

— Sim, acho que é isso mesmo — concordou Larry.

— Bem, tendo em vista o que me disseram, estão prontos para explorar sua espiritualidade? — perguntou o Dr. Jeffrey.

— Eu estou — respondeu Larry. — Depois que o meu irmão, Kevin, morreu, tenho pensado muito no assunto. Tenho várias perguntas.

114 | APOSENTE-SE, MAS NÃO SE AUSENTE

— Também estou pronta — acrescentou Janice —, particularmente depois da semana passada, quando tive uma epifania.

— Uma epifania? — indagou Larry, rindo.

— Sei que a palavra soa pretensiosa e arrogante, mas foi mesmo uma epifania.

— Sobre o quê? — perguntou Larry.

— Lembra que eu estava muito estressada há umas duas semanas?

— Lembro. Você estava lidando com problemas de pessoal no trabalho, certo?

— Exato. Não quis fazer um drama por causa do assunto, mas eu não estava dormindo bem. Estava realmente preocupada.

Janice se virou para o Dr. Jeffrey e explicou:

— O homem que ocupou meu antigo cargo não estava se sentindo à vontade em executar as tarefas administrativas. Surgiu outra oportunidade, e ele deixou a organização. Não havia nenhum substituto em vista, então precisei lidar com as tarefas do antigo cargo ao mesmo tempo que cumpria minhas novas responsabilidades. Também me encarreguei da busca de um candidato qualificado para preencher a função.

— Lembro que você estava trabalhando muitas horas — disse Larry. — Então, qual foi a epifania?

— Tudo mudou.

— Como assim? — perguntou o Dr. Jeffrey.

— Na manhã de terça-feira, nossa amiga Kelly me convidou para almoçar em cima da hora. Como eu precisava de uma pausa e não tinha outros planos, aceitei. Kelly veio acompanhada de uma antiga colega que recentemente tinha voltado a morar na cidade e estava procurando um cargo administrativo em uma organização que fizesse diferença no mundo.

— Parece promissor — comentou o Dr. Jeffrey.

— Essa mulher e eu realmente nos demos bem — prosseguiu Janice. — Além disso, ela possuía as habilidades e a experiência de que nossa organização precisava desesperadamente.

— Então foi uma boa notícia, certo? — perguntou Larry.

— Exato — respondeu Janice. — Foi uma boa notícia, mas sabe o que mais? Eu não tive nada a ver com isso.

— O que quer dizer? — perguntou Larry. — Você estava preocupada com o assunto.

— É verdade, mas minha preocupação não resolveu a questão. As coisas simplesmente aconteceram.

— Consigo entender como pode parecer que isso aconteceu — disse Larry, olhando para o Dr. Jeffrey.

— Não, não parece que aconteceu. *Aconteceu*. A pessoa perfeita para a função apareceu por acaso. De repente, me lembrei de uma coisa que eu sempre disse aos meus amigos ao longo dos anos, mas à qual eu mesma nunca prestei atenção.

— Que coisa? — perguntou o Dr. Jeffrey.

— O homem planeja e...

— Deus ri — completou Larry. — Adoro esse ditado.

— Pela primeira vez realmente compreendi o significado disso. Observar como essa questão foi resolvida me ajudou a olhar para as coisas de uma nova maneira — explicou Janice.

— De que maneira? — perguntou o Dr. Jeffrey.

— Até a epifania, eu achava que todas as vezes que eu era bem-sucedida em algo, isso ocorria por causa de alguma coisa que eu havia feito.

— E? — indagou o Dr. Jeffrey, incentivando-a.

— E isso não é verdade. Embora tenha me saído bem na faculdade, o fato é que eu havia sido admitida quase que por acaso.

116 | APOSENTE-SE, MAS NÃO SE AUSENTE

— É mesmo? — perguntou Larry, perplexo.

— É. Acho que nunca lhe contei isso, mas fui aceita na Faculdade Beckman porque eles precisavam de um tocador de oboé para a banda. A faculdade não tinha quase nada a ver comigo. Não fui uma boa aluna no ensino médio, mas me candidatei mesmo assim e fui aceita porque tocava oboé. Depois que entrei, eu me saí bem, e isso teve alguma coisa a ver comigo. Mas o fato de eu ter sido aceita foi praticamente um acaso.

— Que interessante — comentou Larry.

— Isso não foi tudo o que compreendi — continuou Janice. — Olhando para o lado negativo, sempre que as coisas davam errado no passado, eu sentia que era culpa minha.

— E não é? — comentou Larry, com um sorriso.

Ele se virou para o Dr. Jeffrey como quem dizia: "Só estou brincando."

Janice sorriu.

— Não, não é. Nossa poupança e nossos investimentos diminuíram significativamente há alguns anos, mas isso não foi culpa minha; isso aconteceu por causa da crise econômica. Minha epifania foi que não sou totalmente responsável quando as coisas vão bem, tampouco sou totalmente culpada quando as coisas dão errado. Alguma coisa maior do que o que posso controlar está acontecendo. Talvez a espiritualidade consista nisso, mas não tenho certeza.

— Fascinante — declarou o Dr. Jeffrey. — Então essa epifania de fato a preparou para falar sobre o redespertar espiritual, certo, Janice? E a morte do seu irmão fez com que você pensasse nisso, não é mesmo, Larry?

— Isso mesmo — concordou Larry. — Em primeiro lugar, tenho me perguntado se temos que ser religiosos para ser espirituais.

"Mesmo tendo a certeza de que a espiritualidade está relacionada com um poder maior do que nós mesmos, ela pode ou não envolver a religião. Para redespertarmos espiritualmente, nossa noção de Deus ou de um poder superior precisa ser um conceito com o qual possamos nos relacionar. Em outras palavras, ele precisa ser significativo para *nós*."

— Faz sentido — comentou Janice.

— Quero que vocês falem com duas pessoas que podem lhes dar uma ideia das diferentes maneiras como as pessoas podem redespertar espiritualmente. A primeira é Bobby Bradford. Depois de uma época difícil, ele ingressou no ramo de gêneros alimentícios. A segunda é Cynthia Strohmeyer, astrônoma no observatório da cidade.

Dr. Jeffrey escreveu os números de telefone em um pedaço de papel e os entregou a eles.

— Liguem para Bobby e Cynthia e façam uma visita a cada um. Os diferentes pontos de vista dos dois deverão lhes proporcionar uma perspectiva de como pode ser amplo o espectro do redespertar espiritual.

Bobby Bradford recebeu Larry e Janice na entrada do supermercado que ele gerenciava em uma parte promissora da cidade. Seu sorriso largo e seu abraço apertado fizeram com que o casal se sentisse instantaneamente à vontade. Ele os conduziu a um escritório nos fundos da loja. Ao longo do caminho, clientes e funcionários o cumprimentaram com sorrisos e olás.

— Dr. Jeffrey é um dos meus clientes prediletos e um dos seres humanos mais atenciosos e generosos que conheço — declarou Bobby, enquanto os três se acomodavam nas cadeiras. — Tivemos algumas conversas excelentes.

118 | APOSENTE-SE, MAS NÃO SE AUSENTE

— Ele disse que você passou a trabalhar nesse ramo depois de um período difícil — mencionou Janice.

Bobby riu.

— É uma maneira agradável de apresentar a situação. Eu era um desempregado crônico. Não tinha dinheiro e achava que o mundo estava contra mim. Havia muita raiva dentro de mim, especialmente a respeito do meu pai, que me abandonou quando criança. Eu era um homem amargo. Então, conheci John.

— Quem é John? — perguntou Larry.

— O cara que se arriscou a me contratar. Foi a primeira pessoa a se importar comigo de verdade e a demonstrar respeito por mim. John me convenceu a abandonar a raiva interior e a perdoar meu pai. "Afinal de contas", ele me disse, "seu pai era apenas um homem comum, com pontos fortes e fracos, como todos nós".

— Então John foi seu mentor — disse Larry.

— Mais do que um mentor — retrucou Bobby. — Ele me ajudou a fazer com que minha vida merecesse ser vivida. Ele disse que somos todos parte de um universo criado por um Deus que nos ama incondicionalmente, com defeitos e tudo mais. John veio a me amar exatamente assim, com defeitos e tudo mais, o que abriu minha mente para a ideia de que realmente havia um Deus que me amava dessa maneira. Isso deu início a uma jornada espiritual que provocou uma reviravolta em minha vida.

— Dr. Jeffrey acredita que o redespertar espiritual acrescenta outra dimensão à vida e reúne tudo. Você acredita nisso? — perguntou Janice.

— Com certeza. Não importa o caminho que você siga: se não tiver um lado espiritual forte, seu ego vai interferir, e você vai achar que a vida só diz respeito a você mesmo.

A linguagem pode mudar de país para país e de religião para religião, mas o preceito básico é o mesmo. Uma das maneiras como penso a respeito disso consiste no EGO *versus* Deus, ou o espírito. EGO corresponde a "Expulsar Deus aos Poucos".*

— Expulsar Deus aos Poucos? O que você quer dizer com isso? — perguntou Janice.

Bobby se inclinou para a frente.

— Vou explicar da seguinte maneira. Vocês já notaram, ao longo da carreira, que seu desempenho foi melhor em determinadas ocasiões do que em outras?

— Ultimamente, sim — respondeu Janice.

— Também notei — acrescentou Larry.

— E notaram que as pessoas são instáveis? Que às vezes elas os apoiam e, no minuto seguinte, deixam de fazê-lo?

— Puxa, isso é verdade — concordou Larry.

— Portanto, seu desempenho varia, e a opinião das pessoas a seu respeito flutua. Quando alguém baseia a autoestima em influências desse tipo, é como se pisasse em ovos todos os dias, porque a maneira como se sente com relação a si mesmo depende inteiramente das circunstâncias externas e das outras pessoas. É por isso que eu não conseguia permanecer em um emprego. Assim que ouvia uma crítica, desmoronava e perdia o controle. E quem iria querer um funcionário como esse?

— Você tem razão. Mas como a autoestima tem a ver com a espiritualidade? — perguntou Larry.

---

*EGO é acrônimo da expressão *Edging God Out*, que, em algumas crenças, entende-se como o poder do ego de expulsar Deus da vida de uma pessoa; uma vez que ela seja completamente autocentrada, não sobrará espaço dentro de si para Deus. (*N. do E.*)

120 | APOSENTE-SE, MAS NÃO SE AUSENTE

— Quando você acredita que Deus o ama incondicionalmente, sua autoestima não depende das pessoas, dos lugares ou das coisas — explicou Bobby. — Mas, se você se envolver com o seu EGO, que também pode significar "tudo o que é bom está do lado de fora",* você se esgota ao procurar a autoestima em algum lugar lá fora.

Janice balançou a cabeça.

— Bobby, preciso lhe dizer que sou uma pessoa bastante cética. No entanto, ao olhar para você e contemplar tanta paz e contentamento em seu rosto, tenho dificuldade em acreditar que você um dia foi um homem amargo. Estou com inveja. Como você conseguiu? Que passos você deu?

Bobby riu.

— Não fui sempre assim. E ainda tenho meus momentos não tão tranquilos. Mas, antes de eu ter o conceito de um Deus que me ama, minhas metas eram todas voltadas para mim mesmo. Eu só me importava com ganhar dinheiro, me tornar conhecido e ter muita influência.

— E o que há de errado nisso? — perguntou Larry.

— Não há nada intrinsecamente errado com nenhuma dessas coisas — afirmou Bobby. — Mas a maneira como eu as abordava nunca me fez feliz de verdade.

"Eu sempre me comparava com todas as outras pessoas. Achava que tinha que ser mais esperto, inteligente, bonito e poderoso do que todo mundo. John me mostrou que minha postura se baseava em um falso sentimento de orgulho. Como resultado, eu era antipático, estava sempre promovendo meus empreendimentos, minhas realizações, posses e coisas do tipo".

— Entendo — declarou Larry. — Você era um idiota.

---

*Acrônimo de *Everything Good is Outside*. (N. da T.)

— Exato, mas eu não era nem mesmo um idiota coerente — prosseguiu Bobby. — Também tinha dias em que eu era dominado pela insegurança e pelo medo. Estava convencido de que não era tão inteligente, talentoso, criativo, próspero ou seja lá o que for quanto as outras pessoas.

— Aposto que isso também era antipático — comentou Janice.

— Receio que sim. Por sorte, John me ensinou o que é humildade.

— Humildade? — perguntou Larry. — Sempre pensei que humildade fosse um sinal de fraqueza.

— Muitas pessoas pensam assim — disse Bobby. — Mas John me ensinou que as pessoas humildes não se menosprezam; apenas pensam menos em si mesmas.

— E como isso ajudou? — perguntou Larry.

— Ao compreender que eu não era o centro do universo, pude me concentrar nos outros. E sabem o que mais? Isso me trouxe alegria. Sem mencionar que também fez com que as pessoas achassem mais divertido trabalhar comigo e estar ao meu lado.

— Entendo a parte a respeito do falso orgulho, da insegurança ou do medo causarem problemas — disse Larry — e que acreditar em Deus realmente ajuda nessa parte. Mas às vezes tenho a impressão de que Deus está muito distante e fora de alcance.

— Muitas pessoas têm essa sensação — disse Bobby. — Eu trouxe Deus mais para perto na minha vida iniciando um diálogo. Eu basicamente disse o seguinte: "Se Você existe, quero que se manifeste de alguma maneira."

— E ele se manifestou? — perguntou Janice, arqueando uma sobrancelha.

— Não ouvi uma voz trovejante vinda das nuvens — respondeu Bobby, rindo. — Mas senti uma mudança no

122 | APOSENTE-SE, MAS NÃO SE AUSENTE

coração. E minha vida começou a mudar. Passei a ver as coisas de uma nova maneira: as pessoas eram seres humanos como eu, e não aliados ou inimigos. Além disso, em determinados momentos, por exemplo, apreciando a beleza da natureza ou lendo os livros sagrados, pude sentir a presença de Deus.

— A espiritualidade sempre precisa incluir Deus? — perguntou Janice.

— Você pode chamá-lo como quiser — respondeu Bobby. — Os Alcoólicos Anônimos o chamam de Poder Superior. A questão é: trata-se de algo maior do que você.

— Você se considera religioso? — indagou Larry.

— Não necessariamente. O problema das religiões, como conversei certa vez com o Dr. Jeffrey, é que, quando as pessoas se envolvem com uma, elas em geral querem estar com a razão. Se eu tivesse uma varinha mágica e pudesse fazer uma única mudança no mundo, faria com que as pessoas desistissem de querer ter razão. A maioria das guerras, conflitos e discussões no mundo inteiro são batalhas que giram em torno de estar com a razão, em particular a respeito da religião, nas quais um lado tem obrigatoriamente que ganhar, e o outro tem que perder.

— Exatamente — concordou Janice. — Essa é uma das razões pelas quais eu sempre evitei a religião, por assim dizer.

Bobby assentiu com a cabeça.

— Para mim, a espiritualidade não consiste em fazer as outras pessoas estarem erradas, e sim em amá-las. E isso é mais do que uma atividade que acontece aos sábados ou domingos. Li os livros sagrados e convido Deus a participar da minha vida todos os dias, o que me proporciona uma bússola moral. Isso me ajuda a manter o ego sob controle e me orienta a respeito de como interagir com os outros.

— Então, o que você está dizendo é que, para você, a espiritualidade consiste em se aproximar de Deus todos os dias para que Ele o ajude a se tornar o melhor ser humano que você pode ser — constatou Larry.

— Você entendeu mesmo a ideia — disse Bobby.

— E parece que isso realmente tem funcionado para você — acrescentou Janice. — Adoro a energia desta loja. Os clientes e as pessoas que trabalham aqui parecem gostar muito de você.

— É porque eu gosto muito deles e adoro servi-los — declarou Bobby. — Acho que só nos tornamos adultos de fato quando compreendemos que estamos aqui para servir, não para sermos servidos. Estamos aqui para dar, não para receber.

— Lembro-me de que o Dr. Jeffrey mencionou o serviço como uma das três maneiras de redespertarmos e nos deslocarmos do sucesso para o significado — comentou Larry.

— É verdade — disse Bobby. — E como John dizia: se você tiver essa postura, ficará impressionado com o que recebe de volta. Ele me disse que eu nunca deveria fazer o bem com a ideia de que iria receber alguma coisa em troca, mas que, se eu permanecesse focado nos outros, deveria ficar atento, porque me impressionaria com as coisas boas que viriam para mim. Sei que recebo mais deste trabalho do que as pessoas que eu ajudo.

Larry e Janice se levantaram e deram um abraço em Bobby.

— Obrigada — disse Janice. — Você realmente esclareceu várias coisas para nós sobre a questão da espiritualidade.

10. Outra perspectiva

Ao contornarem uma curva na estrada sinuosa montanha acima, Larry e Janice avistaram a cúpula do observatório.

— Uau, que lugar maravilhoso para se trabalhar — comentou Janice. — Como é lindo aqui no alto.

— Devo confessar que nunca conheci um astrônomo — disse Larry. — Isto vai ser mesmo interessante.

Cyntia Strohmeyer não era o que Janice e Larry estavam esperando. A mulher ruiva que os recebeu tinha no máximo 40 anos. Vestida em roupas confortáveis, ela foi ao encontro do casal na entrada da espaçosa sala que abrigava o enorme telescópio.

— Sejam bem-vindos — disse, depois de feitas as apresentações. — Meu tio me disse muitas coisas boas a respeito de vocês.

— Seu tio? — perguntou Larry, intrigado. — Ah! Você deve ser sobrinha do Dr. Jeffrey.

— Ele não contou? — perguntou ela, rindo.

— Não — respondeu Janice. — Ele só disse que você nos mostraria uma perspectiva diferente do que significa redespertar espiritualmente.

126 | APOSENTE-SE, MAS NÃO SE AUSENTE

Cynthia os conduziu a algumas cadeiras no fim do corredor, de onde tinham uma visão clara do telescópio.

— Eu me interesso por matemática e ciências desde o ensino fundamental — contou. — Quando ingressei na escola de pós-graduação, com 20 e poucos anos, me identifiquei como agnóstica. Eu simplesmente não achava a religião e a espiritualidade convincentes. Fazer suposições sem uma evidência empírica me parecia extremamente irracional. As pessoas que falavam a respeito do amor de Deus e dos milagres soavam ingênuas e sentimentais, ou até mesmo desconectadas da realidade.

— Compreendo — disse Janice.

— Então você acha que as pessoas que acreditam em Deus vivem uma ilusão? — perguntou Larry, um tanto na defensiva.

— Não mais — respondeu Cynthia. — Hoje em dia, tenho um conceito mais amplo do que o termo *Deus* pode significar.

Com a cabeça, ela indicou o telescópio.

— Fiz parte de uma equipe aqui no observatório que tentou fotografar exoplanetas, planetas fora do nosso sistema solar. Certa noite, ao olhar através desse telescópio, tive o que acho que vocês chamariam de experiência espiritual.

— Uma epifania? — sugeriu Janice.

— Exato, uma epifania. Há bilhões de anos, o universo era apenas um torvelinho de partículas elementares, e hoje é um lugar onde podemos construir telescópios para espiar tão longe no espaço que testemunhamos eventos que aconteceram há centenas de milhões de anos.

— Nossa! — disse Larry.

— Mas qual foi a epifania? — perguntou Janice, inclinando-se para a frente na cadeira.

— Quando olhei através do telescópio, de repente me ocorreu que a estrutura física mais complexa que o homem conhecia estava apenas a 15 centímetros de distância da lente do telescópio. Aquela bola de partículas elementares de bilhões de anos atrás resultara, com o tempo, no cérebro humano, na minha consciência. Tinha que haver uma Inteligência Superior em ação.

Janice assentiu.

— Quando eu era criança, tinha uma tia que costumava dizer que não acreditar em Deus fazia tanto sentido quanto acreditar que o dicionário completo de um idioma era resultado de uma explosão em uma gráfica. Isso nunca tinha feito sentido para mim até então.

— Como essa epifania mudou a sua vida, Cynthia?

— Hoje em dia, eu não encaro o trabalho ou a vida como um problema a ser resolvido. Tenho uma sensação de assombro e admiração que eu não tinha antes. Compreendo que sou relativamente insignificante, mas ao mesmo tempo tenho a sensação de que minha vida é muito importante.

— Você acredita em Deus? — perguntou Larry.

Cynthia fez uma pausa antes de responder.

— Acredito em uma ordem divina, uma Mente Superior, por assim dizer. Embora seja diferente do que muitas pessoas veneram, isso significa muito para mim.

"Além disso", acrescentou, com um sorriso, "sei que o meu entendimento é limitado. Acho que vocês poderiam dizer que estou evoluindo."

No carro, quando Larry e Janice desciam a montanha, depois da visita ao observatório, Janice fez o seguinte comentário:

128 | APOSENTE-SE, MAS NÃO SE AUSENTE

— Conversar com Bobby e Cynthia me propiciou questões para refletir. Finalmente consigo perceber por que o Dr. Jeffrey considera a espiritualidade importante para extrair o que há de melhor na vida.

Larry concordou com a cabeça.

— A questão agora é a seguinte: como vamos colocar o que aprendemos em prática?

— Poderíamos começar com um Código de conduta do redespertar espiritual — sugeriu Janice.

Os dois trocaram ideias durante o trajeto de volta para casa, aperfeiçoando suas reflexões a respeito de como poderia ser a espiritualidade sob a ótica da postura e do comportamento. Enquanto conversavam, Janice inseriu as ideias que surgiram em seu tablet. Quando chegaram a um acordo sobre as principais, Janice leu o resultado em voz alta:

O REDESPERTAR ESPIRITUAL

✓ Ser consciente — Enxergar a realidade mais ampla

✓ Ser indulgente — Desistir de estar certo

✓ Ser grato — Contar as suas bênçãos

✓ Ser tolerante — Compreender que você não controla tudo

✓ Ser humilde — Compreender que você não é o centro do universo

— Parece aceitável — disse Larry. — Mas aposto que é mais fácil dizer do que fazer.

— Acho que não saberemos enquanto não tentarmos, certo? — retrucou Janice, rindo.

FAÇA UMA PAUSA, REFLITA, COMECE A AGIR

✓ Pense em sua criação sob o aspecto da religião ou da espiritualidade.

✓ Que eventos ou experiências moldaram seu sistema de crenças?

✓ Na próxima vez que você se comparar com outras pessoas, pare e observe o que está fazendo.

✓ Que coisas você pode fazer para cultivar um sentimento de paz interior?

✓ Tenha uma conversa a respeito da espiritualidade com uma pessoa em quem você confie.

Juntando tudo

11. A Turma do Redespertar

Com o tempo, a Turma da Última Hora se transformou na Turma do Redespertar — um grupo cujos membros se dedicavam a apoiar uns aos outros para que todos encarassem a vida com entusiasmo, energia e prazer.

Em vez de marcar o encontro de verão da turma em sua casa, Larry e Janice incentivaram os amigos a participar de uma corrida e caminhada de 5 quilômetros contra o diabetes, seguida de um piquenique no parque. Para sua alegria, todos confirmaram presença.

— Tem visto bons filmes de animação ultimamente? — perguntou Larry, alcançando Rob, que caminhava a passo acelerado.

Rob e Larry estavam na dianteira, Janice e Alice seguiam em uma boa velocidade, Kelly estava na retaguarda, e Phil — que não usava mais bengala — se juntaria a eles no último quilômetro e meio.

— Tenho assistido a menos filmes e caminhado mais — respondeu Rob, levemente resfolegante. — Quanto mais faço isso, mais forte me sinto.

134 | APOSENTE-SE, MAS NÃO SE AUSENTE

— Já consigo avistar a linha de chegada e o parque logo adiante — disse Larry. — Devo admitir que estou pronto para a refeição.

Como Larry e Rob — aplaudidos por um grupo entusiástico — foram os primeiros da turma a cruzar a linha de chegada, andaram até o carro para pegar os isopores. Logo a mesa do piquenique estava coberta por frango grelhado e hortaliças, verduras, salada de repolho, salada de batata, bebidas, salada de frutas e cookies de chocolate.

— Que bela visão! — exclamou Janice, quando se aproximou com Alice da mesa do piquenique. Logo todos chegaram, se sentaram e começaram a se servir.

Janice se levantou e pigarreou.

— Obrigada a todos por terem vindo e apoiado Larry e a mim em nossa nova causa: encontrar a cura para o diabetes. Outro motivo pelo qual eu queria que todos nos reuníssemos é descobrir como vocês estão se saindo com a questão do redespertar. Quem quer começar?

— Eu começo — disse Rob. — Quando vocês dois começaram a entrar em forma, eu me senti inspirado. Fiz algumas grandes mudanças, e agora caminho quase todos os dias. Há um ano, vocês não me veriam participando de uma competição de 5 quilômetros. Hoje, aqui estou.

— E parece ótimo — afirmou Janice.

— Isso não é tudo — prosseguiu Rob. — Também tenho me alimentado de maneira diferente. Fui criado no Sul, então a comida era sempre frita e rica em salsicha, linguiça, carne de porco e coisas do tipo. Não como mais assim, embora eu agora vá comer um pouco de salada de batata.

— Hoje você conquistou o direito de comê-la — declarou Larry.

Na meia hora seguinte, todos participaram e relataram como estavam redespertando. Quase todos faziam algum tipo de atividade física regularmente. A maioria estava tentando comer de maneira mais saudável, com resultados variados. Todos disseram que estavam tentando aprender alguma coisa nova — Phil e Kelly tinham se matriculado em um curso na universidade local, Rob estava aprendendo marcenaria com um amigo que era mestre na técnica e Alice voltara a se dedicar ao piano, instrumento que não tocava desde os tempos de faculdade. Finalmente, cada um dos amigos estava reavaliando o ponto em que estava espiritualmente.

Kelly foi a última a falar.

— É maravilhoso estar aqui em um dia tão bonito. Estou pensando em como era a nossa vida há um ano, e tenho que dizer aos nossos anfitriões, Larry e Janice, que vocês parecem muito diferentes em comparação àquela época.

Os dois se entreolharam e sorriram.

— Nós estamos diferentes — declarou Janice. — Mas eu não tinha me dado conta de que isso era evidente.

— Larry perdeu alguns quilos, e Janice está com um corte de cabelo mais ousado, mas não se trata tanto da aparência — acrescentou Kelly. — É apenas... Alguma coisa a respeito de vocês.

— Antes de mais nada — disse Larry —, tenho trabalhado muito menos do que antes, e Janice assumiu um cargo importante na empresa sem fins lucrativos onde trabalha.

— Mas o processo envolve mais do que a mera mudança de papéis — afirmou Janice. — Fizemos mudanças fundamentais na maneira como lidamos com a vida e um com o outro.

136 | APOSENTE-SE, MAS NÃO SE AUSENTE

— É verdade — concordou Larry. — Reduzi bastante minhas horas de trabalho, mas estou mais envolvido com a vida do que nunca. Trabalhar algumas horas por semana com jovens empresários na Administração de Pequenas Empresas tem sido realmente inspirador e surpreendente. O mundo dos negócios está mudando tão rápido que tenho aprendido tanto com esses jovens quanto eles aprendem comigo. E vocês se lembram de que mencionei que estava pretendendo escrever?

Ao redor da mesa, as pessoas assentiram.

— Na realidade, eu ia escrever uma história da família, mas ela se transformou em uma história da família em imagens.

— Não entendi — comentou Kelly.

— Quantos de vocês têm centenas ou até mesmo milhares de fotos tiradas ao longo de décadas e guardadas em caixas e gavetas? — perguntou Larry.

Todos disseram que tinham.

— Tenho tentado descobrir uma maneira de organizar essas fotos eletronicamente e reuni-las na história da nossa família. Assim, estou me tornando um especialista em tecnologia.

— Você, um guru da tecnologia? Não acredito! — declarou Rob.

— Paul, meu neto adolescente, é meu principal consultor — declarou Larry com uma risada.

— Parece uma boa ideia para um negócio: abrir uma empresa que ajude as pessoas nisso — disse Rob.

— Talvez um pouco mais à frente — retrucou Larry. — Mas, neste momento, quero fazer isso para nós. E quero agradecer a você, Kelly, por notar que emagreci alguns quilos. O importante é que estou mais saudável do que jamais estive depois do ensino médio. Você não me verá comendo sobremesa com muita frequência, embora eu tenha a intenção de comer metade de um cookie de chocolate para comemorar a caminhada de 5 quilômetros de hoje! Não foi só o peso que melhorou; os resultados dos meus exames de laboratório exibem números saudáveis. E agora, diabetes?

Os amigos de Larry aplaudiram.

Janice se serviu de um segundo copo de água com gás.

— Sempre sonhei em correr riscos, mas agora estou realmente agindo movida por esses sonhos. E estou descobrindo que, além de recompensas, os riscos também trazem problemas.

— Você pode se queixar para nós — comentou Rob, brincando.

Janice sorriu.

— Não estou me queixando, nem reclamando constantemente, como diria meu pai. Estou apenas comentando. Quando assumi o cargo de diretora executiva, a organização estava caminhando para uma crise. As doações tinham diminuído e os voluntários estavam indo embora. Tive que pensar de maneira criativa e fazer algumas pesquisas e networking para que conseguíssemos nos recuperar. O que me surpreendeu foi que, depois de começar a trabalhar nesses problemas, descobri algo que eu não sabia sobre mim mesma: sou bastante inteligente e capaz!

— A gente já sabia disso — comentou Kelly.

— Mas eu não, não realmente — afirmou Janice. — Esse cargo também me fez sentir segura ao lidar com pessoas e situações fora do trabalho.

— Comigo, por exemplo? — perguntou Larry.

— Francamente, sim — respondeu Janice. — Eu digo o que penso com mais frequência agora, não é mesmo, querido?

138 | APOSENTE-SE, MAS NÃO SE AUSENTE

— Sem dúvida. E sabe o que mais? Adoro essa mulher confiante com quem estou casado. Estou me sentindo mais próximo de você do que nunca.

— E eu adoro esse homem que tem ficado mais em casa e preparado pelo menos dois jantares por semana — declarou Janice. — Não que tudo esteja perfeito. Estamos aprendendo a negociar a tomada de decisões.

— Boa sorte para os dois — gracejou Phil.

— O que vocês estão negociando agora? — perguntou Rob, fazendo um gesto para que Janice lhe passasse o frango.

Janice entregou o prato a Rob.

— Como Larry era responsável por quase toda a nossa renda, eu deixava que ele decidisse como o dinheiro deveria ser gasto. Agora, os papéis estão invertidos, e tenho me envolvido mais com as finanças.

— Ho, ho — comentou Rob, num tom sinistro. — A festa acabou, Larry.

Larry riu.

— Não é tão ruim assim. Estamos solucionando a questão. Na realidade, é até um pouco estimulante. Desempenhamos os mesmos papéis e fizemos as mesmas coisas durante tantos anos que, de certa maneira, tínhamos parado de escutar um ao outro.

— É verdade — concordou Janice. — Eu tinha me esquecido de que Larry tem um excelente senso de humor.

— Essa é a diferença! — exclamou Kelly, com os olhos se iluminando. — A mudança não está apenas na sua aparência e nas coisas que vocês fazem; todo o seu relacionamento mudou.

— Não posso falar em nome de Janice, mas sei que também estou mudando por dentro — declarou Larry. — Eu tinha caído na rotina com relação à igreja; frequentava os serviços mais por hábito do que por um interesse genuíno. Decidi também redespertar nessa área. Durante anos, pensei a respeito de como poderia colocar minha fé em prática. Este ano, eu não apenas pensei: criei um pequeno grupo que leva refeições e diversão para idosos que não saem de casa. Achei que isso seria deprimente, mas é exatamente o oposto. Adoro essas pessoas; quase sempre essas visitas são o ponto alto da minha semana.

— E finalmente consegui entender por que a igreja de Larry é tão importante para ele — disse Janice. — Consigo perceber a paz e a sensação de calma que visitá-la proporciona a ele. Também tenho procurado essa paz interior. Embora eu não sinta isso na igreja de Larry, encontrei uma coisa semelhante em uma aula de ioga que comecei a frequentar. Sem todas aquelas palavras, que sempre soam como dogma para mim, consigo me interiorizar e sentir paz.

— Parece que vocês dois estão sendo realistas um com o outro a respeito de onde se encontram na questão espiritual — comentou Rob.

— Certamente — concordou Larry. — Hoje em dia somos muito mais sinceros um com o outro. Não apenas tolerantes, mas também aceitando o ponto em que cada um está na jornada espiritual.

Todos tinham acabado de comer e começaram a recolher os pratos.

Alice se levantou e se espreguiçou.

— A única jornada que estou preparada para iniciar agora é ir para casa tomar um banho quente. Hoje eu sei que vou dormir bem!

Com isso, o grupo guardou o que tinha sobrado da refeição. Marcaram uma data para a reunião seguinte, trocaram abraços e se encaminharam para os carros.

FAÇA UMA PAUSA, REFLITA, COMECE A AGIR

✓ O quanto você está pronto para iniciar a jornada do redespertar? O que você pode fazer para se preparar?

✓ Quando você pretende começar essa jornada?

✓ Quem pode apoiá-lo na jornada e fazer parte da sua Turma do Redespertar?

✓ Cite três coisas que você pode fazer para realmente começar.

✓ Escolha uma delas e vá em frente!

12. Compartilhando a experiência

Dr. Jeffrey estava no palco do centro de artes cênicas, onde acabava de apresentar para várias centenas de pessoas os resultados da sua pesquisa sobre novos modelos de envelhecimento. Perto da primeira fileira, uma câmera gravava a palestra, que seria transmitida para uma rede de televisão local e um grande público na internet.

— Resumindo — declarou o Dr. Jeffrey —, o que chamo de *redespertar* não é simplesmente começar ou parar de trabalhar, fazer um curso ou finalmente perder aqueles 10 quilos. É um processo contínuo de abordar as coisas com prazer, correr riscos e levar entusiasmo e vivacidade para todas as áreas da vida.

A tela de vídeo às suas costas ficou escura, e o Dr. Jeffrey caminhou até a beira do palco.

— Agora, para aqueles que ouviram as estatísticas da pesquisa, assistiram à apresentação em PowerPoint e ainda não pegaram no sono, tenho algo muito interessante a oferecer. Vou trazer ao palco um casal que viveu todas as coisas

142 | APOSENTE-SE, MAS NÃO SE AUSENTE

sobre as quais acabo de falar. Vamos ouvir agora as palavras de Larry e Janice Sparks, que estão no meio da jornada do redespertar.

Ao ouvir a deixa, Larry e Janice subiram ao palco e se acomodaram nas cadeiras de diretor enquanto o Dr. Jeffrey se sentou em uma cadeira comum de frente para o casal.

— Janice, por que não começamos com você? — perguntou ele.

— Claro. Primeiro, gostaria de agradecer pelo convite e por nos oferecer esta oportunidade de compartilhar nossa história com uma plateia tão grande — declarou ela, examinando o público. — Quem poderia imaginar que tantas pessoas estariam interessadas em ouvir o que um casal de mais de 60 anos tem a dizer?

— Não estou nem um pouco surpreso com o tamanho da plateia — afirmou o Dr. Jeffrey. — Como mencionei na palestra, você e Larry representam um enorme grupo demográfico. Não estou certo, Larry?

Larry arregalou os olhos e ficou paralisado durante alguns momentos. Quando a situação ficou insustentável, ele pigarreou e disse:

— Vou ser muito sincero: falar diante de um público tão grande me deixa nervoso. Agora eu entendo por que algumas pessoas têm mais medo de falar em público do que de morrer.

A plateia caiu na gargalhada, o que eliminou a tensão.

Dr. Jeffrey retomou a conversa:

— OK, Larry, vamos deixá-lo em paz por enquanto. Janice, por que você não conta como tudo isso começou para você?

Janice começou falar:

— Há cerca de dois anos, vivíamos mais ou menos no piloto automático. Nessa ocasião, participamos do encontro para festejar 45 anos de formatura da nossa turma do ensino médio e pudemos ver como nossos colegas envelheciam de diferentes formas. Algumas pessoas do grupo estavam cheias de energia e ideias. Outras pareciam apáticas e entediadas, e o que diziam não era muito interessante. Percebemos que tínhamos que escolher o lado em que queríamos ficar.

— À noite, na festa, por acaso encontramos o Dr. Jeffrey — disse Larry, entrando na conversa. — Ele falou a respeito de sua pesquisa sobre um novo modelo positivo de envelhecimento, que ele chamava de redespertar. E acrescentou que teria prazer em nos oferecer algum *coaching* caso estivéssemos interessados.

— Eu me lembro dessa conversa — comentou o Dr. Jeffrey. — E fiquei encantado quando vocês me ligaram, algumas semanas depois.

— Pouco depois desse fim de semana, meu irmão gêmeo morreu de um ataque cardíaco — disse Larry. — Isso foi uma espécie de choque de realidade para mim. Eu não queria me comportar como um sonâmbulo durante o tempo de vida que me restava. Além disso, estava reduzindo as horas de trabalho enquanto Janice assumia um novo cargo, então nós dois sentimos que o momento era adequado para obtermos alguma orientação.

— Foi assim que tudo começou — acrescentou o Dr. Jeffrey. — Agora, falem um pouco a respeito de como vocês redespertaram.

— Nós não redespertamos; *estamos* redespertando — corrigiu Janice. — Ainda estamos passando pelo processo, experimentando e aprendendo.

144 | APOSENTE-SE, MAS NÃO SE AUSENTE

— Janice tem razão — afirmou o Dr. Jeffrey. — Como mencionei anteriormente, o redespertar é um processo contínuo. — Voltando-se para a plateia, ele acrescentou: — Sinto muito, pessoal, mas vocês nunca chegam lá.

Mais uma vez, o público caiu na gargalhada.

Dr. Jeffrey prosseguiu:

— Eu adoraria que vocês nos contassem o que fizeram para redespertar seus relacionamentos.

Larry assentiu e disse:

— Notamos que estávamos nos comportando de maneira previsível na vida social: íamos aos mesmos lugares, na mesma hora, com as mesmas pessoas e para fazer as mesmas coisas. Assim, tivemos a ideia de criar a Turma da Última Hora, na qual todos concordávamos que, a não ser que tivéssemos uma razão válida para recusar um convite para fazer alguma coisa, nós a faríamos. Mesmo que esse convite acontecesse em cima da hora.

— E como isso energizou vocês? — perguntou o Dr. Jeffrey.

— Nós nos tornamos mais espontâneos e abertos a novas aventuras — respondeu Janice. — Não apenas com nossos amigos, mas também com os filhos e netos.

— Com certeza — concordou Larry. — Um dos meus melhores amigos agora é meu neto Paul, que me leva a lugares aos quais eu nunca pensaria em ir. Ele me liga em uma manhã de sábado e pergunta o que estou a fim de fazer. Então bolamos alguma atividade divertida para aquele momento.

Dr. Jeffrey assentiu.

— Como eu disse na palestra, as pesquisas mostram que as pessoas que permanecem conectadas com as outras são mais saudáveis, dormem melhor e aproveitam mais a vida.

— Por falar em filhos — interveio Janice —, quando começamos a redespertar, descobrimos que esse processo não era apenas para pessoas maduras. Quando os nossos filhos adultos e os amigos deles ouviram falar a respeito do nosso redespertar, se sentiram inspirados a fazer mudanças em suas vidas.

— É claro que nem todas as ideias de redespertar deram certo — disse Larry. — Sempre achei que seria um tanto sexy ter uma moto, então comprei uma. Quando comecei a dirigi-la, percebi que ela também me dava medo. A estrada está cheia de carros grandes! Assim, a não ser por ficar empoeirada, a moto vermelha e reluzente parece novinha em folha na nossa garagem, porque eu nunca a uso.

Dr. Jeffrey riu e comentou:

— Essas são excelentes histórias a respeito do redespertar emocional. Conte-nos agora como vocês redespertaram intelectualmente.

— Eu começo — disse Janice. — Embora a maioria dos meus amigos que tinham um emprego estivesse se aposentando, levei o trabalho voluntário para um nível mais elevado ao aceitar ser diretora executiva da empresa sem fins lucrativos em que trabalhava. No início, me senti quase esmagada pela papelada com que tinha que lidar. Mas, depois, reestruturei minha função e passei a ir para casa cada vez mais com um ímpeto tão forte de adrenalina que demorava a sossegar e dormir.

— Janice disse uma coisa importante aqui — declarou o Dr. Jeffrey. — Vocês saberão que estão redespertando quando sentirem o que eu chamo de estresse positivo, o que pode ajudá-los a alcançar metas e se sentir vivos. Esse tipo de estresse pode até ser saudável, desde que não dure demais.

146 | APOSENTE-SE, MAS NÃO SE AUSENTE

— Exatamente — concordou Janice. — Compreendi que eu assumira coisas demais quando tentei aprender espanhol junto com tudo que eu já estava fazendo. Fui até a Lição 5 e comecei a me sentir oprimida. Reparei que simplesmente não tinha tempo para estudar ou praticar. Assim, desisti da ideia.

— Falem a respeito de algumas ideias do redespertar que tenham dado certo — pediu o Dr. Jeffrey.

— Claro — disse Larry. — Uma das grandes conquistas para mim foi o redespertar físico. Quando comecei, estava 10 quilos acima do peso e tinha acabado de receber um diagnóstico de diabetes. Hoje, sou um cara bastante saudável.

— E a melhor alimentação e os hábitos de exercício de Larry foram transmitidos para mim — declarou Janice. — Eu era uma dessas mulheres que detestam ir à academia. Na verdade, ainda detesto. No entanto, imaginem só: a aula de ioga é a minha parte preferida da semana.

— Então, o que motiva vocês dois nessa área? — perguntou o Dr. Jeffrey.

— Foi o diabetes que me levou a caminhar e comer adequadamente — disse Larry — mas, depois de algum tempo, o que me fez continuar foi o fato de eu estar me sentindo maravilhosamente bem.

— Tenho que dizer o mesmo — declarou Janice. — O meu médico me incentivava a fazer alguma coisa a respeito da hipertensão, de modo que isso foi parte do que me levou a fazer exercícios. Mas, quando Larry e eu começamos a comer melhor e encontrei essa aula de ioga suave que faz com que eu me sinta maravilhosa, em vez de dolorida e suada, o que me faz continuar é o fato de eu me sentir bem.

— Exatamente — interrompeu Larry. — É a sensação que temos quando estamos redespertando. É como se estivéssemos correndo na capacidade máxima. Adquirimos um vício positivo no entusiasmo e na energia que sentimos.

— Isso mesmo — comentou Janice. — Certa noite fomos jantar com um velho amigo que está morando em um lar de idosos. Todos os residentes estavam sentados com os ombros curvados, dando a impressão de que apenas esperavam morrer. Eu disse para Larry: "E se este fosse um lar do despertar, em vez de um lar de idosos? Talvez alguém se levantasse na cabeceira da mesa e dissesse: OK, pessoal. O tema de discussão para esta noite é..."

— Então, o que estou entendendo — disse o Dr. Jeffrey — é que, uma vez que começamos a redespertar, nós acumulamos *momentum*.

— É mais ou menos isso — concordou Larry. — Mas temos que perseverar. Tive algumas recaídas. Compreendo agora que não é algo automático; cabe a mim decidir se vou avançar ou recuar.

— Explique isso melhor — pediu o Dr. Jeffrey.

— A escolha é minha. Posso continuar a comer corretamente e a me exercitar, ou posso ficar doente e me sentir mal de novo. Posso continuar a aprender e a explorar as coisas, ou ficar entediado e deprimido. Posso continuar a procurar os antigos amigos e a fazer novas amizades, ou posso ficar sentado sem fazer nada e me sentir solitário e mal-humorado. Posso continuar a praticar minha religião, ou começar a sentir que a vida é vazia e sem sentido.

— Acreditem ou não, o aspecto espiritual tem sido a minha parte favorita de toda esta jornada do redespertar — afirmou Janice. — De algum modo, consegui ficar casada com Larry durante quarenta anos sem jamais admitir que

148 | APOSENTE-SE, MAS NÃO SE AUSENTE

eu não me sentia à vontade na igreja dele. Eu tinha medo de que revelar isso fosse erguer uma barreira entre nós, mas o oposto aconteceu.

— Por que você acha que isso ocorreu?

— Meu marido tem respeitado muito meus sentimentos sobre essa questão — respondeu Janice, pegando a mão de Larry. — Isso fez com que eu passasse a amá-lo ainda mais.

Larry deu de ombros.

— Ei, nem mesmo eu tenho todas as respostas.

Depois de uma pausa pensativa, o Dr. Jeffrey se virou para a plateia e disse:

— Então, recapitulando, temos aqui duas pessoas que perceberam que estavam caindo na rotina à medida que envelheciam. Em vez de deixar que essa rotina se tornasse mais arraigada, elas redespertaram o trabalho, o relacionamento, as amizades, a saúde e a vida espiritual. E os dois estão com uma aparência magnífica, não é mesmo?

O público irrompeu em aplausos.

Enrubescendo ligeiramente, Larry afirmou:

— Espere aí. Em primeiro lugar, como Janice disse mais cedo, ainda estamos redespertando e compreendemos que nunca chegaremos completamente a algum lugar.

"Segundo, o senhor fala de uma maneira que dá a impressão de que somos especiais, o que não é verdade. Somos pessoas comuns", afirmou Larry, contemplando a plateia. "Todos vocês podem fazer o mesmo. E espero que façam, porque esse redespertar é um empurrãozinho bem forte!"

Os espectadores deram risadas.

Após o riso silenciar, Dr. Jeffrey se levantou e caminhou até a beira do palco.

— Vocês me ouviram falar a respeito do redespertar, viram os resultados da pesquisa e tomaram conhecimento do impacto que ele causou em Larry e Janice. Agora, eu gostaria que ficassem em silêncio e respondessem mentalmente a três perguntas.

Primeira pergunta: o que você ouviu aqui hoje? Dr. Jeffrey fez uma pausa para deixar a pergunta se assentar na mente do público.
Segunda pergunta: o que isso significa para você?
Terceira pergunta: como você pode começar a sua jornada pessoal do redespertar?

— Agora, quero que se voltem para a pessoa que está sentada ao seu lado e compartilhem um com o outro as respostas a essas perguntas.

Logo o auditório foi preenchido pelo som de conversas e risadas. Depois de alguns minutos, o Dr. Jeffrey levantou a mão para pedir silêncio.

— Considerando a energia e o volume dos últimos minutos, parece que vocês realmente captaram a ideia.

"Obrigado pelo tempo que me concederam hoje. Antes de encerrar, quero pedir que façam quatro coisas. Primeiro, que continuem a pensar a respeito do que ouviram hoje sobre o redespertar. Segundo, que continuem a pensar no que isso significa para vocês. Terceiro, que continuem a pensar a respeito do que vocês podem fazer para redespertar. E vou colocar o quarto e último pedido na tela, porque esse é realmente importante."

Dr. Jeffrey acionou o controle remoto, e cinco palavras apareceram na tela:

AJUDEM OUTRAS PESSOAS
A REDESPERTAR

Agradecimentos

Ao longo dos anos, Ken e Morton aprenderam e foram influenciados por muitas pessoas. Juntos, eles agradecem a

Steve Piersanti, nosso sábio e maravilhoso editor, por sua visão e seu entusiasmo ao longo de todo o projeto; e

Martha Lawrence, talentosa editora e autora, pela contribuição substancial a este livro.

Em particular, Ken deseja agradecer às seguintes pessoas:

Jimmy Blanchard, pelo que nos ensinou a respeito de dar vida a 1 Coríntios 13 enquanto examinamos como aprimorar nossos relacionamentos especiais;

Richard Bowles, por nos ensinar que todos podemos tornar o mundo um lugar melhor com as decisões que tomamos sempre que interagimos com outros seres humanos;

Bob Buford, pelo que nos ensinou a respeito do deslocamento do sucesso para o significado;

Henry Drummond, pelo que nos ensinou a respeito do dano que a raiva causa aos relacionamentos amorosos;

152 | APOSENTE-SE, MAS NÃO SE AUSENTE

Phil Hodges, Phyllis Hendry e o ministério religioso **Lead Like Jesus**, por nos ensinarem como o ego humano "Expulsa Deus aos Poucos" e a importância de integrarmos o coração, a cabeça, o corpo e a alma;

Raz Ingrasci e à equipe do **Hoffman Process**, pelo que nos ensinaram a respeito da interação entre o nosso eu emocional, físico, intelectual e espiritual;

Tim Kearin e **Dee Edington**, pelo que nos ensinaram a respeito de todos os aspectos da saúde;

Tim Keller, pelo que nos ensinou a respeito de amar as pessoas mesmo quando são detestáveis;

Robert Laidlaw, por nos ensinar a respeito de acreditar em Deus;

Peter Lovenheim, por nos ensinar a entrar em contato com os vizinhos de maneiras criativas, para que possamos conhecer melhor uns aos outros;

Robert S. McGee, por nos ensinar a respeito dos problemas do ego que surgem quando a autoestima depende do nosso desempenho, aliado à opinião dos outros;

Mark Miller, por nos ensinar que o crescimento intelectual é como o oxigênio para os mergulhadores de águas profundas — sem ele, nós morremos;

John Ortberg, por nos ensinar o que é importante na vida e o que "volta para a caixa";

Norman Vincent Peale, por nos ensinar o poder do pensamento positivo, bem como por enfatizar que, se não continuarmos a aprender, é melhor deitarmos de uma vez e deixar que joguem terra sobre nós, porque o nosso cérebro já está morto;

Tony Robbins, por nos ensinar a desenvolver um código de conduta;

KEN BLANCHARD E MORTON SHAEVITZ | 153

Pastor Ryan Ross e o grupo de homens na Igreja Presbiteriana da Rancho Bernardo Community, por nos ensinarem a importância de integrar a espiritualidade com nosso eu emocional, intelectual e físico;

Bob Russell, por nos ensinar a diferença entre o sucesso e o significado;

Vince Siciliano, pelo feedback proveitoso e ponderado;

Fred Smith, por nos ensinar o significado da alegria verdadeira;

Rick Tate, por nos ensinar que as pessoas bem-sucedidas se alimentam de feedback;

Terry Waghorn, por nos ensinar a respeito de ter dois grupos diferentes de pessoas administrando o presente e criando o futuro;

Margie Blanchard, minha esposa maravilhosa, por ser a melhor parceira do redespertar que um homem jamais poderia ter;

Meus filhos, **Scott Blanchard** e **Debbie Blanchard**, por me manterem jovem de espírito.

E Morton deseja agradecer às seguintes pessoas:

Amy Ahfeld, uma jovem psicóloga recém-formada que contribuiu significativamente para meus primeiros textos sobre psicologia geriátrica;

Laura Carstensen, por suas ideias e seus textos criativos, que nos ajudam a encarar o envelhecimento como uma oportunidade;

Jo Linder Crowe e a California Psychological Association, por proporcionarem um fórum para os meus textos e minhas apresentações na área da psicologia geriátrica;

154 | APOSENTE-SE, MAS NÃO SE AUSENTE

Debbie Graves, por permanecer paciente e persistente com as minhas turbulências entre o conceito e a conclusão enquanto eu trabalhava neste original;

Dilip Jeste, pelo trabalho seminal sobre o envelhecimento bem-sucedido, que influenciou minha opinião e a de muitos outros;

Spencer Johnson, autor de best-sellers aclamado internacionalmente, pelas décadas de amizade, camaradagem, discernimento e apoio;

Natasha Josefowitz, poeta, autora de mais de vinte livros e amiga, por ser o melhor exemplo que eu conheço de como uma pessoa pode começar a redespertar com mais de 80 anos;

Stan Pappelbaum, médico e amigo, por me oferecer sábios conselhos em épocas difíceis e ser um exemplo vivo de como envelhecer mantendo o entusiasmo;

Peter Sacks, meu médico, amigo de longa data e colega, por ter compartilhado e feito parte de tantos momentos importantes pessoais e profissionais na minha vida;

Susan e **Stephen Schutz,** amigos, colegas, autores e filantropos, por mostrarem ao mundo a importância de nos dedicarmos aos relacionamentos, por meio de seus livros, filmes e cartões;

Alan Sorkin, um amigo estimado, por exemplificar o que significa retribuir com o seu trabalho no mundo das empresas sem fins lucrativos;

The Learning Network, um grupo extraordinário de homens e mulheres — cada um deles empenhado em tornar o mundo um lugar melhor —, por terem apoiado uma versão anterior deste projeto;

Meus filhos, seus cônjuges e meus netos, por me manterem com os pés no chão e serem sempre solícitos antes que qualquer coisa lhes seja pedida;

Minha esposa, **Marjorie Hansen Shaevitz,** por ser minha companheira e colega amorosa, dedicada e constante, além de permanente sistema de apoio.

Serviços disponíveis

Caso deseje obter informações adicionais a respeito de como aplicar esses conceitos e abordagens em sua organização ou sobre outros serviços, programas e produtos oferecidos pela Blanchard International e pela Shaevitz and Associates/ MHS Consulting, entre em contato conosco em:

The Ken Blanchard Companies
World Headquarters
125 State Place
Escondido, California 92029
United States
Telefone: +1-760-489-5005
E-mail: international@kenblanchard.com
Site: www.kenblanchard.com

ou

Blanchard Global Partner para o Brasil:
Intercultural
Prof. Peter Barth
0800 0262422; info@kenblanchard.com.br
www.kenblanchard.com.br
E-mail: info@interculturalted.com.br
Telefone: (24) 2222-2422

158 | APOSENTE-SE, MAS NÃO SE AUSENTE

Shaevitz and Associates/MHS Consulting
2671 Greentree Lane
LaJolla, California 92037
United States
Telefone: +1-858-459-0155
E-mail: Morton.Shaevitz@shaevitzandassociates.com
Site: www.ShaevitzandAssociates.com
www.MHSConsulting.com

best.
business

Este livro foi composto na tipografia Palatino LT Std, em
corpo 10,5/15, e impresso em papel off-set 70g/m² no Sistema
Cameron da Divisão Gráfica da Distribuidora Record.